古文字學導論

唐蘭 著

圖書在版編目（CIP）數據

古文字學導論 / 唐蘭著. —上海：上海古籍出版社，2023.12

（唐蘭文字學兩種）

ISBN 978-7-5732-0573-5

Ⅰ. ①古… Ⅱ. ①唐… Ⅲ. ①漢字—古文字學 Ⅳ. ①H121

中國國家版本館 CIP 數據核字(2023)第 012277 號

唐蘭文字學兩種

古文字學導論

唐 蘭 著

上海古籍出版社出版發行

（上海市閔行區號景路 159 弄 1-5 號 A 座 5F 郵政編碼 201101）

(1) 網址：www.guji.com.cn

(2) E-mail：guji1@guji.com.cn

(3) 易文網網址：www.ewen.co

上海展强印刷有限公司印刷

開本 890×1240 1/32 印張 8.25 插頁 6 字數 164,000

2023 年 12 月第 1 版 2023 年 12 月第 1 次印刷

ISBN 978-7-5732-0573-5

H·257 定價：52.00 元

如有質量問題，請與承印公司聯繫

電話：021-66366565

中國古文字研究已有一兩千年的歷史，但很少理論性的著作，唐蘭同志這部書是空前的，在今天仍很有用。

—— 張政烺

這本書奠定了現代意義的文字學的基礎，同時也使古文字的研究開始走上科學的道路。

其書第二部分闡明研究古文字，主要是考釋古文字的方法，特別强調了偏旁分析法和歷史考證法的重要性，此書標誌着現代意義上的古文字學的建立。

—— 裘錫圭

自　　敘

這本書在狠短的時期内居然寫成了。蒙馬叔平、沈兼士兩先生的好意，都答應替我做序，我自己已想不寫序文了，但因還有些話須交代，所以重提起筆來做這照例的題目。

這書本是唐氏《古文字學七書》裡的一種，七書的名稱是:

一　《古文字學導論》

二　《殷虚甲骨文字研究》

三　《殷周古器文字研究》

四　《六國文字研究》

五　《秦漢篆研究》

六　《名始》

七　《説文解字箋正》

箸者最先是治《説文》的，曾做過《説文注》四卷，未完成，稿本今陷在遼寗。其後治金文，又後治甲骨文，又後十餘年，始決采甲骨、金文、六國文字及秦篆來作《名始》，用以代《説文》。又後兩年，稿已畧具，但自己覺得是失敗的。因爲把許多不同時代的材料，驟然合併，易致混亂；每一系文字没有經過嚴密整理，驟然論述，難免錯誤。因又改變方針，先將每一系文字單獨研究，等獲到結果後，再合併起來組成全部的歷史，就是《名始》。因爲《名始》裡面所用的系統和方法大都是前人所没有知道的，所以想把《名始》裡的體例，寫出一部《古文字學導論》來放在最前。又因爲《名始》裡不能完全舉出《説文》的得失，所以想另寫一部《説文解字箋正》來擱在最後。這是擬做七書的緣起。書的命名和編次，不無受了《音學五書》的影響，所以稱古文字學的緣故，是筆者還想在這部分研究告一段落後，能有暇去研究近代文字。

筆者原意，是把《古文字學導論》當《名始》的序例，但現在却提前發表了，這又是一次的變更計劃，是最近兩年内的經驗所促成的。

前年的暑假，筆者想用全力把殷虚文字澈底整理一下，經過兩个多月，稍有一些頭緒，但到開學以後，忙於編講義和上课，就只好擱下了。寒假裡只畧整理劉鶚、王襄所藏的甲骨材料，就匆匆過去。十數年來，在甲骨文字裡的發見，不好算少，然竟没有寫定的時間。因前人所稱已認識的文字，不過一千，中間有一部分是不足信的，根據我個人的方法，所識的字，幾可增加一倍，但要寫定成一個系統，却異常困難。把一個確實可信的字所根據的材料蒐集一起，附上解釋，往往要費兩三天的工夫，要全部寫定，至少也得有三四年的閒歲月，一个以教課爲生涯的人，打那兒去找這種福氣呢！再則，材料也真不易收集。明義士、劉晦之所藏，雖見了一部分，但没有全；中央研究院發掘所得，除了已發表的小部分外，深扃固鐍，局外人無從得見，而等他們的揔發表，又遥遥無期；這幾部狠豐富的收藏，不能完全寓目，驟然寫定，也總是遺憾。於是，在上年的暑假，我又放棄了全部寫定的計劃，決定先寫出一部分，約百餘字，名爲《殷虛文字記》，以後繼續寫的，自二記以至十記，最後再把來合成一個整部的《殷虛文字研究》。原來的龐大計劃，現在已縮無可再縮了。

但寫了一部分後，我就感覺到要能先寫一本導論，比這個工作，還切合現時的需要。以前，我只打算到怎樣去完成我的工作，工作完成以後寫出來的導論，當然要比現在所寫的好，但這工作要做多少年，到底能完成不能，都是我自己所不能解答的問題，那末，與其工作若干年還不能完成而寫出一部較好的，還不如現在先寫出來而慢慢地修改。因此，在秋季後，我就開始寫這本書，而把《殷虛文字記》移至今年秋後再寫定。

我所以要先寫這本書的原因，在引言裡已敘述過。古文字研究本是文字學裡最重要的一部分，但過去的文字學者對古文字無深切的研究，研究古文字的人又多不懂得文字學，結果，文字學和古文字研究是分開的，文字學既因語言音韻學的獨立而奄奄待盡，古文字的研究也因没有理論和方法，是非漫無標準，而不能進步。這一層隔閡，多少年來，我就想設法打通的。要實現這个企圖，就得把我所持的理論，和所用的方法，寫了出來，和學者們共同討論，使古文字的研究，能成爲科學。

近年來，考古學、古史學、語言音韻學等科，均有顯箸的進步，這些學科和古文字俱有密切的關係，所以古文字的解釋，漸漸成爲時尚。但古文字研究方面，若干年中，並没有顯箸的進展。專門的研究者除采用吳大澂、孫詒讓、羅振玉、王國維諸成説外，只有坐待着一兩字的意外發見。有一位學者曾屢次告訴我，“認識古文字，用不到半年工夫，但除此以外，無事可做”，這是此中的真實情形。

古文字的不可識和不可解釋的太多了，專門的研究者既不能饜足一般人的欲望，別人自然要來越俎代庖了。於是，有的人冥思默索，獨標懸解，有的人附會穿鑿自詡能事。因爲這裡本没有是非的標準，所以人人得自立其説。漸至毫無常識的人，也來箸書立説以自躋於學者之列。而有些庸俗的學者，缺乏選擇的能力，一字的解説，兼采數説，莫衷一是，同一的偏旁，此從甲説，彼從乙説，而自爲矛盾；使一般的讀者，目眩五色，不知所從。這些研究中間固然也有狠好的發明，却被這種混亂情形所掩蔽了。

有些學者瞧見這種混亂的狀態，看穿了猜謎式方法的底蘊，就看低了古文字研究的價值。有些輕視，或是出於誤解，但古文字研究的本身，確有可被輕視的地方，這是應該自覺的。許多有志於研究古文字的人，他們企求把古文字認識或了解，單是前人成説是不够的，而近來的新説，又是無所適從，他們勢必趨於拘守成説或恣意放言的兩條路上，這種情形，又是急需矯正的。所以，我不得不把這本書趕緊寫出來，以期建立起是非的標準，並開闢出研究這一學科的新途徑。

因爲這樣，在本書裡不免要批評到許多學者的錯誤。這裡面狠多是箸者所敬服的前輩和密切的朋友。就如羅振玉先生，他對於箸者的學業，曾有不少的鼓勵，他的一生箸述和蒐集材料的盡力，在學術史上佔有重要的地位，甲骨學可以説他是手創的，但他那種考釋文字的方法是箸者所不能完全同意的。箸者雖已盡力避免指摘別人的地方，但有些説話是不客氣的，在這裡，我真誠地向諸位表示歉意。

同時，還要請學者們原諒，因爲我所提到的只是不得不明的是非，並不是有意蹈文人相輕的惡習。雖則是非有時不易明，自我過強的學者架不住“非也”二字，可以立刻反脣相譏。郭沫若氏曾告訴我：“昔人有一字之師，今人有一語之敵。”不過，治學問而至不敢明是非，還成什麼學問。學問本只是求真理，我們找出自己過去的不是，指摘別人的不是，同樣，也願意別人指摘我們的不是。

我這本書，狠願意有人指摘其中的錯誤，但有一事得預先聲明。我所敘述的例證中，深明音韻學的人也許要指出若干條，在音韻學上是講不通的。箸者音韻學的知識極淺，不免有錯誤的地方。但在另一方面，箸者没有給音韻學裡許多規律所束縛，或更能適合於上古音的研究，正和研究古文字而不爲六書説所束縛一樣。一般的研究古音，最早的只是周代的音，但從古文字的研究，却可追尋出更早的音。“壴”和“喜”今音迥異，依我的聲化象意字規律，則“喜”字當從口壴聲，卜辭䵽字今作鼘，字今作憙，就是一个狠好的證據。“壴”，“鼓”，和“鼔”，今音有別，依我的字形通借規律，“支”和“攴”是可以通用的，卜辭有鼓鼔兩體，支攴亦通用。但舊以爲鼓，則誤，皀壴有別。又依聲化象意字規律，“鼓”和“鼔”都得從壴聲。“鼓”，“鼔”都象擊鼓，“壴”字實像鼓形，那末，“壴”字本當讀若“鼓”，因爲這是較近擊鼓的聲音。例如：磬爲擊磬音。卜辭有一習語，曰："㞢①有希祟，其㞢有來"，嚮來莫得其解，"希"字舊或誤釋做"求"，郭沫若依孫詒讓釋做"希"而改讀做"祟"，確是一個狠好的發見，但字郭氏釋爲"鼜"，却和羅振玉所釋的"亘"一樣，並没有確實的理由。卜辭的字，有時寫作，和，我在最初治甲骨文字時，就釋做"嬉"嬉、"僖"僖、"鼓"三字，因同從壴聲，所以可通假。但卜辭的意義還不能明白。在前年整理時，才發見卜辭常見的"亡來艱"，見《前編》三卷廿四葉五片，五卷四十葉六及七片，四一葉一及二片，《後編》上卷三十葉三及四片，《戩壽堂殷虚文字》二六葉十一及十二片等。和"其㞢來嬉"對文，"嬉"、"僖"、"鼓"、"艱"，同從壴聲，故得通假。卜辭凡用"其㞢來嬉"一語時，下文每言邦國的變故，郭氏説："鼓字必與希字相貫，而含凶咎之意"，所見甚是。《大誥》説："寧王遺我大寶龜，紹天明即命，曰：有大艱于西土"，可以證明卜辭的"㞢來嬉"，當讀爲"有來艱"，是無疑的。《説文》："囏，籀文艱，從喜"，"囏"字何以從喜，前人都不能解，現在根據卜辭，就可知"囏"本作"艱"，從壴聲，壴讀如鼓，故"囏"字音轉爲"艱"，後來就改從艮聲。"壴"讀如"鼓"能轉爲"艱"音。例如"古"本作，從口毌聲，(毌)② 本象盾形，今借"干"爲"毌"；説詳本書下編四十葉和六十

① "㞢"原作"有"字旁注，今依下句句例乙改。

② "毌"原寫在""右下，此改爲括號。

七葉。"古""鼓"音同，"干""艱"音近，所以變化的例同。關於此一點曾和魏建功氏討論甚久，附此誌謝。"壴"、"喜"、"鼓"、"囍"，由現有的古音韻系統看起來，是狠有區别，但在古文字裡却顯然是同源的。鼓、鼓、喜、㐨、僖、卽、嬉、鼖，並從壴聲。嬉或作嬉，從喜聲，卜辭僅一見。現有的古音韵系統是由周以後古書裡的用韵，和《説文》裡的諧聲湊合起來的，要拿來做上古音的準繩是不够的。所以，我們在整理古文字時，只須求合於自然的系統，而現有的古音韻系統，應暫摒諸思慮之外。只有這樣，才能找出上古音上的新問題來。如謂不然，而以削足適屨爲謹守繩墨，這就非箸者所能知了。

這本書原來打算在《名始》做成後寫的，那至少須在十年以後，現在寫了出來，未免太早。從去年九十月之間，開始寫起，迄今年七月初完成，中間，曾到南方去旅行一次，又生一回病，擱筆約有三月，實際寫了六个多月。這六月餘的時光，又要教書，又要寫别的講義，只有一部分的工夫，來寫這書，所以這書的寫成又未免太快。因此，本書裡的條例不能十分精密，舉的例證也有未恰當的，錯誤和疏忽自更難免，文筆也多生澀，這都是箸者應向讀者致歉的。

我希望在這本書再版以前，把書裡的錯誤全找了出來，可以逐漸修訂。如有可能的話，在再版時，還想附上一個索引。

二十四年七月十二日午夜寫竟

秀水唐蘭

追　　記

因爲種種原因，本書來不及等待馬、沈二先生的序文，也不想附插圖，就發行了。這次本只印了二百部，所以假如有再版的機會，我是狠想馬、沈二先生能撥冗指正的。

在自序裡，關於㚔字應讀爲𧯛的一點裡，漏了一些證據，恰是最重要的證據。卜辭習見的“亡來𧯛”，有時作“亡來㚔”，戩二六・二片，戩三五・十二片，簠人一〇六片及一〇七片。郭沫若先生來簡反對此説，今得此鐵證，自信推論不誣。

十二月十二日唐蘭

古文字學導論

上册

附上編正譌

上 册 目 録

引　言

這一本小册子，分做兩部分：第一部分，是由古文字學的立場去研究文字學；第二部分，是闡明研究古文字學的方法和規則。

這種工作，在現在是極重要的，但是還没有人去做過。學者們老是躲在極狹小的範圍裡，做一些研究，以爲這是專門家應守的態度，而關於這學科的全體，不加注意。坊間雖羅列着許多關于文字學的論箸，多數是那班一知半解，或竟全無常識的人，所剽襲抄纂的，這當然不會有一貫的理論，或一定的標準，只是學校裡既已有了這種課程，不能不編些教科書來充數而已。

一種科學，應當有原理、方法和規則。没有系統的理論，是無從定出標準來的，没有標準，所用的方法，就難免錯誤。根據若干原則來建立一個系統，創立出許多方法和規則，這種方法或規則，應用時没有矛盾，這才是科學，這才是學者們應肩的責任。

古文字學好像只是文字學的一支，但牠却是文字學裡最重要的部分。一般人所講的文字學，只在講小篆，——隸書以下，是不關緊要的，——但要拿小篆去探討文字發生和演變，錯誤是不能免的。所以要把文字學講好，就得先對古文字做一番深刻的研究。

但是從趙宋時就研究鐘鼎彝器文字，一直到近代，研究古文字的人可説不少，而古文字學却始終不能被稱爲一種科學。因爲他們脱不了賞鑒古玩的習氣，——古文字的可貴，只是古，——這裡的方法，是神秘的，主觀的，可以任意推想而不需要客觀的標準。

反之，研究文字聲韻訓詁的學者們却大都停滯在那一條路上，許多傳統觀念曾經牢牢的束縛住他們。因古文字的發見，有許多舊觀念必須改正，但舊説是有系統的，改動了一部，就將和另一部分矛盾，而新的學説，——古文字學的系統還没有建設起來。他們感受到這種痛苦，因而只在歧路上徬徨。

近來學術界有一種風尚，崇信異國人所做的中國學術研究，而把自己的專門學者看成“東家丘”。異國人的治學方法，可以欽佩的地方固然狠多，但他們也有所短。即如語言和文字兩方面，語言聲韻是他們所能擅長的，文字訓詁却就不然。有些人瞧見異國人對語言聲韻研究得狠有些成績，就去推崇這一類學問，因之文字學就不被重視，這種觀念是錯誤的。我們要糾正這種錯誤，就得趕快把古文字學的基礎建立起來，使牠成爲一種科學。

這一本書，雖然不見得就能建立起古文字學的基礎，但我狠自信，因爲我在這上面是曾經殫竭過我的心力，並且此後我還繼續努力，只要因此而引起學者們的興趣去共同研究，那末，這礎石大概不難奠定吧！

上　　編

一、古文字學的範圍和其歷史

甲　古文字和近代文字的區别

“古文字”這个名稱，最初見於《漢書·郊祀志》所説的“張敞好古文字”，漢時通常的稱謂，却只是“古文”。

因爲漢時通行的文字是隸書和小篆，這都是秦併天下以後才興起來的，所以把秦以前的文字，統叫做古文。那時所被稱爲古文的，大概可以分做兩類。《説文·序》説：“古文，孔子壁中書也。”這是竹簡上的古文。張敞説：“臣愚，不足以迹古文。”《説文·序》也説：“郡國往往於山川得鼎彝，其銘即前代之古文。”這都是銅器款識裡的古文。

照一般人的看法，小篆在目前還和古文字對立，所以小篆以前的文字，才能稱爲古文字。但是由文字學的眼光看來，小篆已應放在古文字的範圍裡去。從隸書到今隸，雖畧有異同，揔是一脉相傳，而小篆却早已不是通行的文字了。雖則小篆的材料還没有散佚，比古文字容易認識，但不能因此而叫做近代文字，我們只可叫牠做近古文字，因爲嚴格地分析起來，牠實是古文字的最後雲仍，只有隸書才是近代文字的開山始祖哩。

乙　古文字的四系

對於古文字的研究，通常用器物來分類，例如：甲骨文字、銅器文字、匋器文字、古鉨文字、貨布文字。這種方法，在蒐集材料時，雖較方便，但於文字的時代不易劃清，同時代的文字不便比較，有些只一兩件器物的文字，更没處安放。所以做文字學研究時，這種老方法應該放棄，而另用一種新的分類法。

新的分類法，應着眼於時代的區分，和地域的别畫。在現代已發見的古文字裡，我以爲應分爲四系：

一　殷商系文字，

二　兩周系文字，止於春秋末，

三　六國系文字，

四　秦系文字，

這四系中相互的關係雖狠密切，但每一種文字自具牠的特殊性。

殷商文字是已發見的古文字裡最古的一系，和原始文字較近，但形聲字已很多，一部分的文字已有譌變，像：[illegible]變做[illegible]，[illegible]變做[illegible]，[illegible]譌成[illegible]，[illegible]譌成[illegible]之類。兩周系文字，形聲字大增，而象形象意字日漸減少，幾等於消滅；文字的譌變則日漸加多。六國系文字，譌變最甚，同時又發現一種新的字體，即後世所謂“鳥蟲書”。秦系文字，大體是承兩周，但因日趨整齊的緣故，錯誤也就不少。

丙　古文字的材料

古文字材料的來源，有兩類：一是古書，一是古器物。古書材料雖多，但除了《説文》外，大都無從知道文字的時代。所以古文字的研究，應拿古器物做主要的對象。

殷商系文字，以殷虚的龜甲獸骨刻辭爲主，有銘詞的銅器次之。在安陽所發掘出來的，還有幾塊寫卜辭而未刻的骨版，和二塊有文字的匋器圖一，此外，天津方氏還藏有一塊小玉圖二。

兩周系文字的材料，以銅器銘詞爲主。此外，像《考古圖》箸録的石磬，和近代發見的土塤圖三，尚不多見。

六國系文字，材料最繁襍。竹簡早已亡佚，現所存在的，以銅器兵器居多、匋器、古鉨封泥當附此、貨布爰金當附此爲主。此外，尚見過一個玉刀柲圖四、一些銀器圖五。

秦系文字，除銅器外，以刻石爲重要材料。權量類文字多複。泉幣不多。鉨印和漢難别。

漢以後的銅器、碑刻、印章，凡作小篆或繆篆者，應附入秦系。

丁　古文字材料的發見和蒐集

在這裡，我不能把古器物發見史狠詳細地寫出來。約畧地説一下古文字材料的發見和蒐集，可以分做三個時期。

秦以前，許多文字還叫不得“古”，《左傳》説楚史倚相能讀《三墳》《五典》《八索》《九邱》等書，倚相能讀，而别人不能讀，那末，這種書或許是某種古文字寫成的。經過六國時長期的擾亂，和秦的統一，舊時紛歧的文字，完全消滅，代之而起的，是整齊畫一的小篆，和苟且艸率的隸書，因此，才把先秦文字叫做古文字。

漢初正當秦焚書之後，惠帝才“除挾書之律”，武帝才“開獻書之路”，“建藏書之策”，“置寫書之官”。那時，孔子宅壁中發見許多古文經，北平侯張蒼獻古文的《春秋左氏傳》，但這時的學者還沒有注意到古文字，所以這些書只靜靜地藏在祕府裡。一直到宣帝時的張敞，才好古文字。成帝時，劉向校中秘書，才用中古文的《易》和《書》來校今文。向子歆，才創議建立《左氏春秋》、《毛詩》、《逸禮》、《古文尚書》，而敞的外孫杜林是研究小學的先師，他在西州得漆書《古文尚書》一卷，後來傳給衛宏，古文因而盛行。宏做過《詔定古文官書》一卷，今亡。

漢世所存的古字書，有《史籀》十五篇，建武時亡六篇。又《倉頡》、《爰歷》、《博學》三篇，漢時併做一篇，三千三百字。楊雄做《訓纂篇》，推廣到五千三百四十字。許慎做《說文解字》，“敘篆文，合以古、籀”，共九千三百五十三字，又重一千一百六十三字。魏初傳古文的人，有邯鄲淳，淳有《古文尚書》的寫本。正始《三體石經》有《尚書》和《春秋》的古文。

晋時，汲縣發見竹書七十五卷，現存的只隸寫的《穆天子傳》五卷。南齊時，雍州發見竹簡書《攷工記》，今亡。

漢以後，雖曾發見銅器，像：《孔悝鼎》、《尸臣鼎》、《仲山甫鼎》之類，但不多見，所以沒有人去蒐集那種文字。《說文·序》裡雖提鼎彝，却没有采用一字。總之，從漢到宋初，除了篆籀和竹簡古文外，只有杜撰的古字了。郭忠恕做《汗簡》，是這一個時期的結束。

六朝以後，今隸通行，一般人都不知篆籀是什麽東西。唐時人只用《説文》《字林》來勘定今隸的字樣，至於篆書，却是書法家所研究的。李陽冰號稱中興篆籀，所藏的有《古文孝經》和衛宏《官書》合成一卷，但他所刊正的《説文》，錯誤狠多，所寫的篆書，也很有舛謬。

唐初，《汧陽刻石》在天興縣發見，當時人稱爲“獵碣”，後來又叫做“石鼓”，韋應物、韓愈都有《石鼓歌》。那時已懂得傳拓的方法，《三字春秋石經》有拓本十三帋見韋述《西京記》，《石鼓》和許多秦刻石也都有拓本。《嶧山刻石》給野火燒了，有棗木傳刻本。所以唐人講小學，常引到秦刻石。《説文》“攸”字下有“𣶃，秦刻石《繹山文》攸字如此”的話，和《説文》詞例不合，也是唐時校《説文》的人所附記。“也”下説：“𠧒，秦刻石也字”，亦後加。

宋初，徐鉉摹寫《嶧山刻石》和《會稽刻石》，前有宋鄭文寶刻本，後有元申屠駉刻本。又校正《説文》，鉉弟鍇先已做《説文繫傳》。可以説後世古文字研究的先驅。其後又發見了《詛楚文》，“初得《大沈湫文》於郊，又得《巫咸文》於渭，最後得《亞駞文》於洛”。見《廣川書跋》。共三石。

開收藏古器物的風氣的人是劉敞，而首先集録古器物和石刻銘拓的人是歐陽脩。敞輯所得十一器做《先秦古器記》，原是石刻，器形銘釋均完備。歐陽脩把銘和釋全收在《集古録》裡。那時識古文字的人有楊南仲，歐陽修常請教他，《秦公鐘》的銘是由他所刊的石本而傳佈的。

那時刻法帖的風氣狠盛，所以銅器款識狠多石本。繼劉、歐而起的，有吕大臨的《考古圖》和趙明誠的《金石録》，後來分成兩派。講金石的一派，揔是石多於金，和古文字的關係較少。考古一派，專講古器物，後來有王黼等所編的《博古圖録》，和南宋時佚名氏的《續考古圖》，而王俅所做的《嘯堂集古録》却只收銘文。

薛尚功《鐘鼎彝器款識》原是石刻的法帖，所收的銘文較多。王厚之《鐘鼎款識》號爲原拓，其實所輯的也大抵是石本。

因爲古器物學發展的緣故，就有輯録古文字的書。夏竦的《古文四聲韵》，是拿《汗簡》來分韻編次的，已添了一些鐘鼎文字。到趙九成做《考古圖釋文》，也是用韵編次。以後像王楚的《鐘鼎篆韻》，薛尚功的《廣鐘鼎篆韻》，楊鉤的《增廣鐘鼎篆韻》一類的書，層見叠出，從元而明、而清，輾轉摹寫，書名愈多，但材料還是這一些。

古器物發現最盛的時期是北宋末年，南渡以後，中原陷於寇虜，古器物就不再發現。元明兩代，對古學都狠疏，即有發現，也無人注意。一直到清汪立名輯《鐘鼎字源》，這是第二個時期。

元明時所發現的銅器，狠有遺留下來，像《白吉父盤》，就是一例。這種古物，大抵都歸内府。清乾隆時，内府所藏很多，那時又常有新出土的古物，因是，高宗敕編《西清古鑑》，《寧壽鑑古》，《西清續鑑》甲編、乙編等書。

西清四鑑裡，當時所印行的，只有《古鑑》，而且流布也不廣。嘉慶以後，私家的收藏日多，錢坫做了一部《十六長樂堂古器款識》，也很少傳布。煽動一時風氣的書，轉是時代較後的《積古齋鐘鼎款識》，因爲阮元是當時的經學大師，他用銅器銘識來講經學和小學，而且書裡所輯的材料也豐富，這種種都勝錢書，所以後來這一門學問的發展，是不能不歸功於他的。阮氏還重刊宋代薛、王兩款識。

西清四鑑的編製，取法於《博古圖》，阮氏《款識》則取法於薛氏，繼錢、阮而起的，有曹載奎的《懷米山房吉金圖》和劉喜海的《清愛堂彝器款識法帖》，則又取法於《先秦古器記》。後來吳榮光的《筠清館金文》，吳式芬的《攈古録金文》，都和阮書畧同，而《攈古》最善。吳雲的《兩罍軒彝器圖釋》，潘祖蔭的《攀古廔彝器款識》，吳大澂的《恆軒所見所藏吉金録》，劉喜海的《長安獲古編》等，都和曹書相似，但俱改用鏤板。劉心源的《奇觚室吉金文述》，開始采用石印，端方的《匋齋吉金録》繼之。有些較早的書，像：朱善旂的《敬吾心室彝器款識》、徐同柏的《從古堂款識學》、吳大澂的《愙齋集古録》、陳介祺的《簠齋吉金録》鄧實輯本，不全。也都陸續印行。盛昱的《鬱華閣金文》和方濬益的《綴遺齋彝器考釋》，却始終没有印行的機會。

《漢書·食貨志》裡説到周景王的大錢，叫做“寶貨”，這大概是賹六化的誤釋圖六，但可知古貨幣在那時已有發現。

梁顧烜始做《泉譜》，但現在存在的古譜，没有比洪遵《泉志》更早了。古印的蒐集，則始自宋徽宗的《宣和印譜》，但宋人譜録，現今只有王厚之的《漢晋印章圖譜》，和王俅的《嘯堂集古録》。前者見《説郛》，凡九十二印。後者僅三十六印。而用原印拓集者，以明顧氏《集古印譜》爲最早。

錢幣和古印，元明以後，常有人去蒐集。清高宗時的《西清古鑑》附有《錢録》，後來又輯《金薤留珍》，那時私家譜録也狠多，只是不像銅器銘文的和經傳有關，所以研究的人較少。

道咸以後，新發現的古物狠多，像：古鉨、封泥、匋器、空首布等圖七。一般收藏家，兼收並蓄，不只拘拘於銅器了。收藏最富的，是陳介祺。可惜除了《十鐘山房印舉》，和他與吳式芬同輯的《封泥攷畧》以外，許多材料都還不能整理出來。那時的印譜，不下百種。最箸名的，有高慶齡的《齊魯古印攈》，郭申堂的《續齊魯古印攈》，吳大澂的《十六金符齋印譜》，吳式芬的《雙虞壺齋印譜》等。彙集泉幣的書，則以李佐賢的《古泉滙》爲最完備。

光緒二十五—六年，甲骨在河南安陽出土，第一个收藏家是王懿榮。王氏死在二十七年義和拳之亂，所藏歸劉鶚。

近年來考古學的發展，應歸功於劉鐵雲和羅振玉。劉氏輯《鐵雲藏龜》、《鐵雲藏匋》附封泥、《鐵雲藏印》等書。本尚欲輯《藏錢》，但未成。羅氏收藏更富，所輯有《殷虚書契》、《殷虚書契後編》、《殷虚書契菁華》、《殷虚書契續編》、《夢郼艸堂吉金圖》、《殷文存》、《貞松堂集古遺文》、《磬室所藏鉨印》、《赫連泉館古印存》、《齊魯封泥集存》、《秦金石刻辭》等。

甲骨的收藏，以羅氏爲最富。近時則中央研究院發掘安陽，據云所得有五千片。此外已印行的材料，有：明義士的《殷虚卜辭》、林泰輔的《龜甲獸骨文字》、王襄的《簠室殷契徵文》、王國維的《戩壽堂殷虚文字》、葉玉森的《鐵雲藏龜拾遺》、容庚的《殷栔卜辭》、商承祚的《殷契佚存》等。正預備印行的，有：北京大學所藏甲骨刻辭、明義士新獲甲骨，和馬衡、劉體智二氏的所藏。

近時收藏家以劉體智爲最，有《善齋吉金録》和《善齋鉨印録》。陳寶琛有《澂秋館吉金圖》，《澂秋館藏印》，《澂秋館藏封泥》等輯；吴隱有《遯庵古匋存》，和《遯庵秦漢印選》；太田孝太郎有《夢庵藏匋》，《夢庵藏印》，《楓園集古印譜》；周進有《周氏藏匋》，《周氏古鉨印景》；所收藏的範圍，也都廣泛。吴隱尚有《遯庵古泉存》一種。

收集金文拓本的書，像：鄒安的《周金文存》、容庚的《秦漢金文録》，都狠豐富；但鄒書僞器狠多。清宫銅器極多，已印行的，有容庚的寶蘊樓、武英殿兩《彝器圖録》。此外，蒐集銅器的書籍，有容庚的《頌齋吉金圖録》、于省吾的《雙劍誃吉金圖録》、商承祚的《十二家吉金圖録》等。蒐集匋器的書，有溥儒的《寒玉堂匋文》，山東圖書館的《鄒滕古匋文字》等。關於貨幣的，有方若的《藥雨古化雜詠》。關於鉨印，有陳漢第的《伏廬藏印》、黄質的《濱虹集古印存》，和《濱虹艸堂藏古鉨印》；而專輯古鉨的書，有黄濬的《尊古齋古鉨集林》；輯封泥的，有周明泰的《續封泥攷畧》。

石刻方面，近有《三體石經》和袁安、袁敞等碑的出土。《汧陽刻石》最近發現了兩個最善的宋拓，《泰山刻石》也得到了宋拓。

乾嘉以後研究《説文》的風氣狠盛。最負盛名的，有段玉裁、桂馥、嚴可均、王筠。桂馥做了《繆篆分韻》，同時，袁日省和謝景卿也做了《漢印分韻》和續集，開始搜集印章文字。嚴可均做《説文翼》，開始用彝器文字來補《説文》，莊述祖也做了《説文古籀疏證》，但這兩書遲未印行。直到吳大澂采集彝器、鉨印、匋器、貨幣和石鼓的文字，來做《説文古籀補》，才開了近世蒐集古文字的風氣。後來，丁佛言又做了《説文古籀補補》。日人高田忠周有《朝陽閣字鑑》、《古籀篇》等，極蕪雜。

羅振玉主張匋器、鉨印、貨幣等的文字，各有系統，不應和彝器文字混在一起，所以他的弟子商承祚，編《殷虚文字類編》，此書用羅氏《殷虚書契考釋》改編。和《石刻篆文編》，未印行。容庚編《金文編》，和《秦漢金文編》，未印行。他的兒子羅福頤，編《璽印文字徵》，都只限於一部分。此外，關于甲骨文字，還有王襄的《簠室殷契類纂》、朱芳圃的《甲骨學文字編》，和孫海波的《甲骨文編》。

這百年内材料出土的豐富，漢以來所未曾有。古物的采集，由自然發現和盜掘，而到科學的發掘。古文字的蒐輯，也已由好奇崇古的心理，轉向到學術的研究了。這是第三個時期。

戊　古文字學略史

文字雖用以代表語言，但牠有牠自己的形體。因爲文字的形體，跟着時代而變遷，又因爲語言的變遷，常是影響到文字，使牠們的意義和形體隔離，因是每個文字的本意和麻史，狠難清楚，所以我們需要文字學。

文字學的萌芽，大概在春秋時。《爾雅》據説是周初所作，《史籀篇》據説是宣王時作，但解説文字的風氣，實起於《左傳》。宣公十二年《傳》，楚莊王説："夫文止戈爲武。"又十五年《傳》，伯宗説："故文反正爲乏。"昭元年《傳》，醫和説："於文皿蟲爲蠱。"這都是後來所謂"會意"字。而經傳裡常見的聲訓，像："乾健也""坤順也""仁人也""誼宜也"之類，也都起在春秋以後。

《周禮・保氏》有"六書"。《周禮》是戰國時人所作。那時人好説倉頡作書，《韓子・五蠹》説："倉頡之作書也，自環者謂之私，案本當作[illegible]。背私謂之公。"後來李斯所集字書，就叫做《倉頡篇》。據《説文・序》："秦書有八體，一曰大篆，二曰小篆，三曰刻符，四曰蟲書圖八，五曰摹印，六曰署書，七曰殳書，八曰隸書。"而《倉頡篇》所書，實是小篆。

漢興，通行的字書，是合併了《爰歷》《博學》的《倉頡篇》。後來分成兩派：一派是摹仿《倉頡篇》而做字書，像司馬相如的《凡將篇》、史游的《急就篇》、李長的《元尚篇》，到平帝時，徵爰禮等百餘人，"説文字未央廷中"，"楊雄取其有用者，以作《訓纂篇》，順續《倉頡》”。另一派是解説《倉頡篇》的字義。當宣帝時，因“《蒼頡》多古字，俗師失其讀。徵齊人能正讀者，張敞從受之”。敞傳子吉，吉傳敞的外孫杜鄴，鄴傳子林和張吉子竦。林的“正文字，過於鄴、竦”，他做了《倉頡故》，所以《漢書》説：“世言小學由杜公。”

因張敞的好古文字，學者們都受了影響。其後，劉向、劉歆校中秘書，那裡面有壁中古文經，和張蒼所獻《左傳》。于是劉歆提創古文學不遺餘力。歆子棻從楊雄學奇字，而言小學的杜林，寶藏着漆書《古文尚書》，可以看出古文字和古文經學的關係密切了。

歆附王莽，莽也好古，所以平帝時有“徵天下通知逸經、古記、天文、厤算、鐘律、小學、《史篇》、方術、《本草》，及以五經、《論語》、《孝經》、《尓疋》教授者，數千人”的舉動。到莽居攝，“使甄豐等校文書之部，頗改定古文”。其時有六書，“一曰古文，二曰奇字，三曰篆書，四曰左書，五曰繆篆，六曰鳥蟲書”。所謂古文，就是壁中書。

因古文經學的發展，影響及古文字方面者，有二事。一是古文字和今字的對照。《藝文志》有《古今字》一卷，張揖的《古今字詁》，疑即本此。衛宏的《詔定古文官書》，尤爲箸名。一是關于文字構成的理論的創立，《藝文志》解釋“六書”，以爲是“象形、象事、象意、象聲、轉注、假借”。鄭衆注《周禮》，許慎做《説文》，所説都差不多。《藝文志》大概本諸劉歆《七畧》，鄭衆是鄭興子，許慎是賈護的再傳弟子，而鄭興和賈護，同是劉歆的弟子，那末，這三説實出一原。

那時，一班俗儒，却竭力反對古文經學和古文字。因爲漢時隸書盛行，《倉頡》也改用隸寫圖九，所以他們就以隸書爲倉頡時書，而攻擊古文經學家是“好奇”。他們競逐説字解經，於是僞造出許多讖緯來抵抗古文經學和古文字。假造符命，由王莽起，甄豐、劉歆等大概都有分。那附會成孔子説的，却是今文經家。因那時楊雄、劉歆等太博學了，眼看得古文經學要壓倒一切，一班無名的今文學家，只得雜取天文、厤算、鐘律、小學，來撰各讖緯，加入符命，以取信於時人。他們是打算假託孔子來壓倒古文經的。他們的解釋文字，只根據隸書，像:《春秋元命包》所説的“乙力於土爲地”“荆之字刀守井”，《春秋考異郵》所説“虫之爲言屈中”，《春秋説題辭》所説“一大爲天”，都是。古文經家是輕視讖緯的，所以《説文解字》出來後，這種文字説的大部分，就全消滅了。

東漢時，班固續楊雄《訓纂》，作十三章。王育替殘本《史籀篇》作解説。許慎才以《蒼頡》《訓纂》等篇裡小篆爲主，而補以竹簡古文和《史籀篇》，做成他的偉箸。這是完全基於六書説而作的。他又創立出分部的方法來統攝這一萬多字，部和部之間，字和字之間，也都有次序。這是有理論又有條例的箸作，所以一直到現在，一般文字學者，還不能脱離牠的羈束。

許慎以後，文字學析成兩派。《倉》《雅》派裡，因賈魴的做《滂喜篇》，合《倉頡》《訓纂》稱爲《三倉》。魏張揖又做《埤倉》、《廣雅》、《古今字詁》等書。自犍爲舍人李巡、孫炎等注了《爾雅》，晋郭璞有《爾雅注》和《三倉解詁》兩書。《説文》派裡，有晋吕忱的《字林》，和梁顧野王的《玉篇》。六朝時又有《説文音隱》。但這兩派學者，都没有什麼建樹，只是搜集材料和隨文詮釋而已。

唐人重韵書，在形體方面，雖説要“試《説文》《字林》”，大概是例行公事了。流俗所通行的是真楷，所謂小學書，只是糾正楷體之錯誤。上面所説的兩派字書，差不多都絶迹了。

宋世《説文》學復興，但離古已遠。像張有《復古編》，還只是糾正楷書。王安石作《字説》，想把會意來解釋一切文字，但是失敗了。王聖美創右文説，雖稍可通後世文字，可無法解釋文字的起原。到宋元之際，學者喜歡講六書。像鄭樵的《通志·六書略》、戴侗的《六書故》、周伯琦的《六書正譌》一類的書狠多，可是轉注叚借各自爲説，六書條例，已無法明瞭了。

自宋人開始辨釋彝器文字，到清時因《説文》之學的二次復興，學者漸注意到這一方面。段玉裁已用金文的“攸勒”來釋《詩》，他説：“許氏以後，三代器銘之見者日益多，學者摩挲研究，可以通古六書之條理，爲六經輔翼。”嚴可均做《説文翼》，想拿金文來補《説文》，許瀚、王筠常用金文和《説文》裡的字體比較。

莊述祖想利用彝器文字來，建設出一個古籀系統，以代替《説文》的小篆系統，可是没有成功。吴大澂雖没有建設系統的雄心，却頗具卓殊的見解。他所箸《字説》，利用他所蒐輯得來的繁博而且精確的材料來辨正文字，像：“寧王”、“寧考”、“前寧人”、“寧武”的解釋，可説二千年來所未有。只是他的文字學根底不狠深，常有些肊説，像因“出”字的作足形，就説“反”字也應從足之類，不免爲白圭之玷。

和他同時的孫詒讓，却最能運用六書的條例，可以説是許慎以後第一人。他所箸的《古籀拾遺》《古籀餘論》，掃除往時金文家隨便推測的習氣，而完全用分析偏旁的方法。後來又做《契文舉例》和《名原》二書。雖則因甲骨材料，那時所出不多，不免錯誤。但他所懸的“以商周文字展轉變易之迹，上推書契之初軌”的鵠的，却頗有一部分的成功。

繼孫氏之後，研究甲骨文字的人，是羅振玉和王國維，羅氏剏始的功績，是不可没的。但對於文字的認識，還是好用推測，開後來葉玉森輩妄説文字的惡例。王氏釋字較謹慎，只是他的極大的貢獻，實在在古史學方面。

從春秋至漢，是古文字學的剏始時期。許慎是這時期中間的成功者。只可惜他受經學的影響太深，所見古文字的材料太少，並且都是近古的，所以没有極大的成就。自漢至清初，可以説是衰落時期。清乾嘉以後到現在，則是復興時期。這裡的先驅，是吳大澂和孫詒讓，吳氏較疏於孫氏，而孫氏頗拘牽於經學，泥迹於六書之説。所以要求大成，還有待於將來之士。

二、文字的起原和其演變

甲　原始時代的中國語言的推測

近世語言學家，推測語言的起源，有摹仿聲音説、情感刺激説，和經驗説等，雖都有相當的根據，但就中國語言看來，似乎還不狠完密，因爲在全部語言裡，有些地方還不能説明。

由情感的刺戟而發生的語言，應分析爲兩種，一種是情感的種類，像“愛”和“惡”，一種是刺戟的强弱，像“大”和“小”。因爲人類語言和動物的呼聲，本只有程度的差殊，所以原始人類所能作的簡單而含糊的評聲，也不過代表由飢寒困苦，或飽暖勝利等的刺戟所引起的情感，和别種動物一樣。但因外來的刺戟的强弱不同，發音也有殊異，廣大宏壯，有發皇的聲音，細小窅邈，有幽悶的聲音。這兩種後來都變成語言。“愛”“惡”一類，直到現在，還有大部分是元音，可見這是最早發達的。“大”“小”一類，大概較遲，因爲必須凴籍輔音，才能成爲語言。

輔音的發達，大抵由於摹仿。當人類聽見自然界的各種聲音，像：水聲的潺湲、雷聲的劈歷、玉聲的丁東、金聲的鏓鎗、羊鳴的芈、鹿鳴的呦、鳥鳴的即足、蟲鳴的蟋蟀之類，就像鸚鵡一般地去摹仿，這種由摹仿得來的聲音，和原始的簡單聲音相結合，就變成完整的語言。

語言雖已完備，但許多實物的稱謂，却還没有，這大概是古代人民所最感到困難的。除了一小部分的實物，可以摹聲外，大都是無聲可仿，因此他們只好假借一部分的品性，來代表那實物的全體。例如頭頂上是天，他們就拿“頂”的聲音來代表“天”，絪緼紛亂的是煙，他們就把“絪”的聲音來代表“煙”。於是不論那一樣實物，都可以變成語言了。但是這一類的語言，是可以人各立法的。甲可以說“日”，因爲是“實”的緣故，乙却因“燙”的緣故，而叫做“昜”。這種紛歧的名稱，後來漸漸地統一了，這裡大概有兩層原因：第一，那時代的人類，大概已經懂得用肢體來描寫出萬物的形狀，第二，人類漸漸過社會的生活，所以個人的歧異減少了。

還有一部分的語言，是人類的智慧發達以後，才產生的，像“方圓”和“一二三四”等的分析。還有一部分是語言繁複以後才起來的，像發語辭的“隹”和“雩”，問語的“不”。這種語言的增加，使語言愈加複雜。在那時，輔助語言的文字，也已從原始的圖形，漸臻於完備了。

乙　中國文字的起源 上

說到中國文字的起源，一般人就會把“八卦”和“結繩”提出來。“八卦”究竟起源在什麽時代，我們還不能明悉。銅器裡有刻☲形的卣，《嘯堂集古録》卌二葉。和卦象相似，或者是商代的遺物。筮字從巫，那末易卦是巫的事業，巫在殷世極盛，所以我們可說八卦是殷或殷以前遺留下來的。但八卦的起源，縱使狠古，和文字却漠不相干。卦爻的本質，只是⚊和⚋，用以象徵陽和陰。至於疊三爻而成八卦，疊六爻而成六十四卦，僅是一種數術的把戲而已。至多說一和數目的一相同，而照思想産生的程序，一字決不在卦爻之後。有人以爲☵即水字，☰即☰卦字，都是附會。至於“結繩”，更毫無關係。固然有些近乎原始的部落裡，用結繩來助記憶，和字的效用相似。但古代中國是否有過“結繩而治”的時期，“結繩”是否發生在文字之前，都是無法證明的。

有些泥古的學人，狠相信文字是倉頡造的，和普通人以爲孔子造的一樣。其實最初的文字，決不是一手一足之烈，而純粹是由自然發生的。當我們的祖先，才會用肢體來描寫一種物形的時候，他們對於物的觀察，還不狠正確，描寫的技術也狠笨拙。經過長時期的訓練後，才能把各個物體畫得逼真。當一個巨象的圖畫完成後，瞧見畫的人，不約而同的喊了出來：象！於是“象”這個字，在中國語言裡，就成了“形象”、“想象”、“象效”、“象似”等語的語根。韓非說：“人希見生象，而按其圖以想其生，故諸人之所以意想者皆謂之象。”按韓說非是。商周以前，中國尚有象，非難見。當其他物體也都描寫得肖似後，一見圖就能叫出牠們的名字，於是語言和圖形就結合起來而成爲文字了。

至於文字學者們所熱烈維持的一種古老的見解，——有一種“指事文字”，或“象事”。發生在圖形文字之前，或同時。——這是大可不必的。像“二 二”這類字，古人以爲“指事”，其實只是“象意”。“一二”和“方圓”，雖沒有實物，但在文字發生時，人們早已有這種觀念，而且有代表這種觀念的實物。例如计數的算子，方形的匡，圓形的環。所以這些文字，還是圖形，而並不是代表抽象的意義。

但有些學者，却以爲在原始文字裡，有一種形的標準。這不是説後世文字裡的偏旁，而是指構成文字的最簡的單形，象● 一 丨 丿 ㇏一類。這種意見，也是錯誤的。我們所知道的古文字，決不是類似幾何畫的東西。牠們只是整個的圖形，既無從規定筆畫的數目，也不能規定點畫的姿態。例如○的作⊙，中間的一點，只是補空。王字象一根繩子穿起三塊玉。立字象人站在地上。那末一點一畫，都不是一個單形。在古文字裡，是找不出這種標準符號來的，那只是學者間的一種幻想罷了。

原始文字，只有圖形，是無可疑的。由各實物的圖形裡，用種種技巧來表現出更繁複的意義，於是有“象意”字的出現，文字的數目，因而有大量的增加。這種演進，當然又要需要狠長的時間。

丙　中國文字的起源 下

説到文字起源的時期，除了無條件接受“黄帝之史倉頡初造書契”的説法的一班人外，有些人却常懷有文字發生於商世，或離商世不遠的見解；因爲他們目前所能見到的古文字，只有商代的甲骨和彝器，而這種文字裡還保留着一部圖象。但這種見解是膚淺的，而且也是錯誤的。

文字的發源是狠古的。在西歐的文化史裡，我們知道舊石器時代的原始人類，已有許多狠精巧的壁畫，或線刻，象：牛、猪、馬、鹿和巨象之類，由這種圖形的進化，就變成蘇馬連 Sumeria 和埃及的原始文字。中國的先史期文化的研究，現在雖還不狠發展，但至少已知道在若干萬年以前，已有了原始人了。安特生在《甘肅考古記》裡把一些骨板上所刻的記號，疑爲文字。其實他所搜集的“辛店期”陶甕上，却確有文字，雜置在圖案中間，不過他以爲是花紋罷了。

這一個意見，我在《殷契佚存》的序文裡，已經提出，現在再把這種圖形，和商周文字比較，如下：

安特生以爲馬形，似不確。

此即犬字，甲骨文作，如改正畫，當作，與此最近似，用形來表現出耳及口形，①尤其是共具的特點。

此爲鳥形，雖不知是何鳥，然金文隻父癸爵之隻字作，其鳥形也有兩足，可互證。

此人形與等字相近，但有衣裳爲異。

此輪形，和甲骨及金文的車輪作形相近。

匋甕上還有一個羊形，惜未繪全。只見其身

① 此句前三字均殘缺。第一、三字應爲“用”“形”，第二字則無法辨認。

部作形。疑即莧之本字。莧是原羊，變作，又變作，《史頌𣪘》灋字從此。

由這種比較上，可以知道這是同系統的文字。只是“辛店期”較商周爲近於原始。要把那時的文字弄清楚，當然得希望更多的材料的發見。“辛店期”的絶對年代，還不能證明。據安特生《甘肅考古記》的假定，大概在去今四千五百年左右。

殷商系的文字，圖形已極簡單。四足省作兩足；肥筆概用雙鉤，或省爲瘦筆；正畫的物像，改爲側寫，以適應整篇文辭的書寫；此類徵象，已可證明這是狠發達的文字。而尤其重要的，則是象形象意的文字日就衰歇，而形聲文字興起。這種變動，至遲起於殷初，或許更可推上幾百年。在這種變動以前，是象形象意文字時期，更前則是象形發展到象意文字的時期。

所以，我們在文字學的立場上，假定中國的象形文字，至少已有一萬年以上的歷史；象形象意文字的完備，至遲也在五—六千年以前；孔誕前三千五百—弍千五百年。而形聲文字的發軔，至遲在三千五百年前。孔誕前一千年。這種假定，决不是夸飾。

我們的上古史，目前雖尚模糊不明，但有許多理由，可以説從孔誕前一千五百年左右，——即夏初起，已有了歷史的記載。甲骨刻辭裡所載的商湯以前的先公先王，正當夏世，是第一個理由。彝器刻辭和古書裡記載禹的功績，是第二個理由。古本《山海經》

所講故事，止於夏時，是第三個理由。神話止於后羿而最詳細的記載，却起自后羿，是第四個理由。古本《紀年》和《世本》、《史記》，有夏的世系、年數、史事，是第五個理由。孔子稱述堯、舜和禹，孟子追數堯舜到孔子的年數，是第六個理由。《虞夏書》雖周人編集，但也有些根據，是第七個理由。這種記載，當然是文字十分完備後才産生的。

在這種記載裡，可以追述前數百年的傳説；所以夏以前的兩昊諸帝的歷史，或神话，正像《舊約》裡的古史一樣，決不是完全子虛的。據《左傳》説，太昊氏的官名用龍，少昊用鳥，黄帝用雲，炎帝用火，共工用水。而少昊的官，有爽鳩氏，所居的都邑，就是後來的齊，可以證明這種傳説是有根據的。那末，這種官名的本身，恐怕都是些圖形文字。爽鳩氏只畫一個爽鳩，玄鳥氏只畫一個玄鳥。現在的名字，是後人用近代文字來轉譯的。

如果我的假定不錯，那末，夏初的文字，和商周決不相同，因爲那是純用象形象意文字的時期。以古代文字變化的劇烈，周時人對商時文字已多誤認，何況夏初。楚史倚相能讀《三墳》、《五典》、《八索》、《九邱》之書，可知别人不能讀。但就《虞夏書》多譌誤一層看來，周時認識古文字的學者，正不亞於漢代的經生。《山海經》裡有好些地名，和周以後的古書歧異，恐怕也由於傳譯的關係。

摠之，由上古史的研究，我們也可説在孔誕前二千年以前，已有了完備的文字。這種較古的文字的應用，一直到夏商之際，才逐漸衰落，而形聲文字代興。這種結論，和研究文字學所得是一致的。

丁　上古文字的構成

由原始文字演化成近代文字的過程裡，細密地分析起來，有三個時期。由繪畫到象形文字的完成，是原始期。由象意文字的興起到完成，是上古期。由形聲文字的興起到完成，是近古期。

往時，一般人受許氏《説文解字》的拘束，以爲五百四十部的部首，就是原始文字。用字形來講的，例如周伯琦的《説文字原》。用字聲來講的，例如章炳麟的《文始》。但部首中像“蓐”“犛”等字，狠清楚地只是形聲文字。許氏説：“倉頡之初作書，蓋依類象形，故謂之文。其後，形聲相益，故謂之字。”本没有把形聲當做原始文字。他所以把形聲字的“蓐”和“犛”，與象形字的“屮”和“牛”同列，只是他的分類法的缺點。因爲他所分的部首有形聲字，就以爲形聲也是原始文字，那只是後人的過失。

現有的古文字材料，幾乎全是近古期的，所以我們要研究上古文字，因缺少直接材料而感到困難。但在近古期裡的較早部分，——殷商系的全部，和兩周系的早期，——離上古期還不遠，我們做那種研究時，還可以看出上古文字的大概。在近古期裡，時代愈早，象形象意的文字愈多，而形聲文字絶少，時代一遲，就成爲反比例。這種現象，顯示着形聲文字是後起的，在上古文字裡，只有象形和象意。

關於文字構成的説法，舊時只有“六書”，這種學説，發源於應用六國文字和小篆的時代，本是依據當時文字所作的解釋。這種解釋，並不像往昔學者們所想的完善，而只是狠粗疏的。但這樣粗疏的解釋，竟支配了二千多年的文字學，而且大部分學者還都不懂得六書的真義。

有些學者也嘗把文字精密地分析過，但他們不能把這種傳統的觀念打破；所以儘管列出象形兼指事、會意兼指事、形聲兼指事一類瑣碎的條目，或更巧立些别的名稱，關於文字的怎樣構成，還是講不明白。

學者們常以爲指事在象形前，是在上古突然産生的純文字，我在上面已説過文字是由圖畫逐漸變成的，上古文字，只是從形符發展成意符，決不會先有意符，尤其不會先有形意俱備的文字，而後來反分做純形符，或純意符，所以指事這个名目，只是前人因一部分文字無法解釋而立的。其實這種文字，大都是象形，或象意，在文字史上，根本就没有發生過指事文字。這種説法，當然要招致守舊的先生們的譏議，但這是事實。

文字的起原是圖畫，而牠的演變，大都是語言所促成的。當許多簡單圖形和語言結合而成爲文字的時候，所謂文字，只是些實物的形狀，所代表的語言，也只是實物的名字，所以我們把這種文字叫做“名”，是最妥當不過的。

但僅僅幾个實名，當然是不够代表語言的。因爲實名在文字裡雖是最先發生，而在語言裡却是最遲，所以當象形文字發展的時候，實名以外的語言，早已豐富，而且完備。這大部分的語言，不是象形文字所能代表的。但這時人們的智慧發展得很迅速，所以不知不覺地産生出三種方法。

“分化”的方法，是把物形更换位置，改易形態，或采用兩个以上的單形，組成較複褋的新文字。例如象人形的“人”字，倒寫了是“匕”字，揚起兩手是“丮”字，兩個人相隨是“从”字，人荷戈是“戍”字之類。由這種方法，常把一个象形文字，化成狠多的象意文字。“物相雜謂之文”，這種文字是狠複褋的，我們不妨叫牠做“文”。

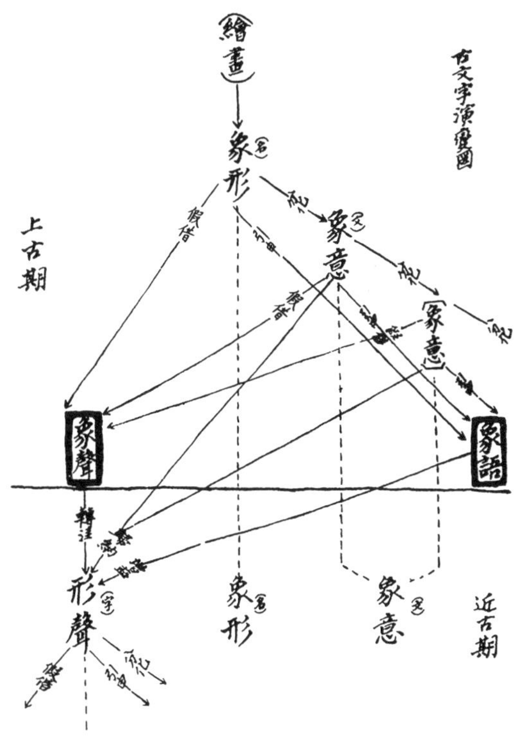

除了在形體上分化外，還有兩種重要的方法。“引申”是文字的意義的延展，例如“日”字是象形，在語言裡，却可用作今“日”的意義。“假借”是文字的聲音的借用，例如

“羽”字是象形，借來代表語言裡翌日的“翌”聲。如果我們把“引申”誼叫做“象語”，那末，“假借”來的字聲該叫做“象聲”。但“象語”和“象聲”，都是本無其字，所以那時的文字，只有象形和象意。

形的“分化”，義的“引申”，聲的“假借”，是文字演變的三條大路。象意文字發生後，文字依然在演變。可是由象意字分化出來的，並没有新體的文字，而還是象意字。這種字的數量，常有增加，但受了形體的拘束，還是不能代表那時大部分的語言，於是“引申”“假借”兩種方法，用的愈多了。

在上古期裡最晚的一個時代，語言已經異常複褌，文字受了語言的影響，弄得非常混亂。一個文字，常代表了狠多的語言，——有的是象語，有的是象聲，——單看牠的形或意，已是不知所云了。這種現象，狠像因文字缺少而起，但事實上正相反。那時的文字，實是過於繁多了，而且因象形象意的緣故，文字的筆畫，本來異常繁賾，後來因時代的需要，漸趨簡單，原來的形意，就看不見了。因筆畫簡單，有些形體便起了混亂，例如𠙵字可以代表口，也可以代表凵盧之類。這實是用繪畫方法的文字的窮途末路，於是有一種新的技巧，以聲音爲主體的新文字起來了。這是近古期的形聲文字。參看前葉古文字演變圖。

戊　象形文字

文字的起源是繪畫，上面已説得狠詳細了。那末，學者們所謂“文字畫”這个名稱，實在是不需要的。假如把近乎圖畫的文字，屏除在真正文字之外，那無異於把石器時代的人類，屏除在真正人類之外。因爲許多銅器的文字大都是近於圖形的，一部分甲骨文字也是如此；在這裡面要區别文字與文字畫的界限，實在只有已認識和未被認識而已。

因文字是由繪畫起的，所以愈早的象形和象意字，愈和繪畫相近，而且一直到形聲字開始發達的時候，許多圖形還没有改變，我們根據這一部分材料，可以攷見許多文字的原來的意義。

象形文字的所象，是實物的形，那末只要形似某物，就完成了牠的目的，至於用什麽方法來達到這種目的，那就不用管了。例如：把字畫作，上《父乙觶》下《玑鼎》這是填實和鉤廓的不同。把畫作，上《伯魚卣》下《嘯堂集古録·魚鼎》（原作《鮮鼎》）這是線和點的不同。把畫作，這是正和側的不同。把畫作，省了兩脚，這是繁簡的不同；因書寫的方便，又有横直的不同。但無論怎樣地歧異，揔可以讓人一見就明白，這是黽，這是魚，這是人形，這是犬形。無論用那一種技巧畫成，揔還是象形字。

爲研究的方便，我們可以把象形字分做三類。一是屬於人身的形，可以叫做“象身”。二是自然界一切生物和非生物的形，可以叫做“象物”。三是人類的智慧的産物，可以叫做“象工”。

假如要把這三類的文字完全寫出來，在這本書裡還做不到。因爲本書意在發凡舉例，不能說的太詳。而且我們所見的材料，都是近古期的，大部分的象形字，已脫離了原始型式，驟然見了，還不知道象的是什麽。例如：[古文字]字，我們如其沒有看見寫作[古文字]的形狀，就決想不出牠是象蜃殼形的。[古文字]字見《辰父辛尊》。這種詳細的研究，這裡只好闕略，留在箸者所計劃的《名始》一書裡發表。

在後邊畧舉幾個象形字來做例證。

（一）象身除了用[古文字]和[古文字]，象整個人形外，還有些部位的象形。

[古文字]《殷虚書契前編》六卷七葉一片，舊闕釋。今按是首形。

[古文字] 又爲手形，但已不是原始型式。

[古文字]《敍鼎》，舊闕釋。今按是足字，象足形，甲骨作[古文字]同，但都不是原始型式。

[古文字]

[古文字]《[古文字]耳卣》，舊闕釋。今按是耳形。

[古文字]《龜甲獸骨文字》一卷十一葉十七片。

[古文字]

關於人身的部分，只有[古文字]①夒的頭和手足等形，畧見混亂。

① 此字成墨團，難以辯認。

(二) 象物

《前編》四卷四四葉五片，此虎形，已非原始型式。 　中央研究院所得殷虛骨版。

《己觚》，舊闕釋。今按乃冢形。

《象且辛鼎》。

《大豖匕辛毁》。

《馬戈》。

《鐵雲藏龜》一九三葉三片。

《亞龟尊》，舊闕釋。今按是龟形。

中央研究院所得骨版。此象猴形，舊釋猴，今按乃夒字。

《父癸爵》。鳥形尚多，今舉此爲例。

《龍爵》，舊闕釋。今按象龍形，但已非純原始形式。

《後編》上二十八葉六片。舊釋蠶誤。今按乃字的原始型式，本象蛇形，和變做的例同。

《萬爵》象蠆形。

《弔龜毁》。

《辛巳毁》。

生物的象形字，以動物爲最多，因爲這是上古時人最先描寫的。

金文昶字所從日字如此。

《父己甗》字所從月形。

水形。

火形。

《父乙斝》。

甲骨習見此字，舊闕釋。今按是石之本字。

少字，本象沙形。

(三) 象工

父字從此。象斧形。

《亞且辛父庚鼎》。

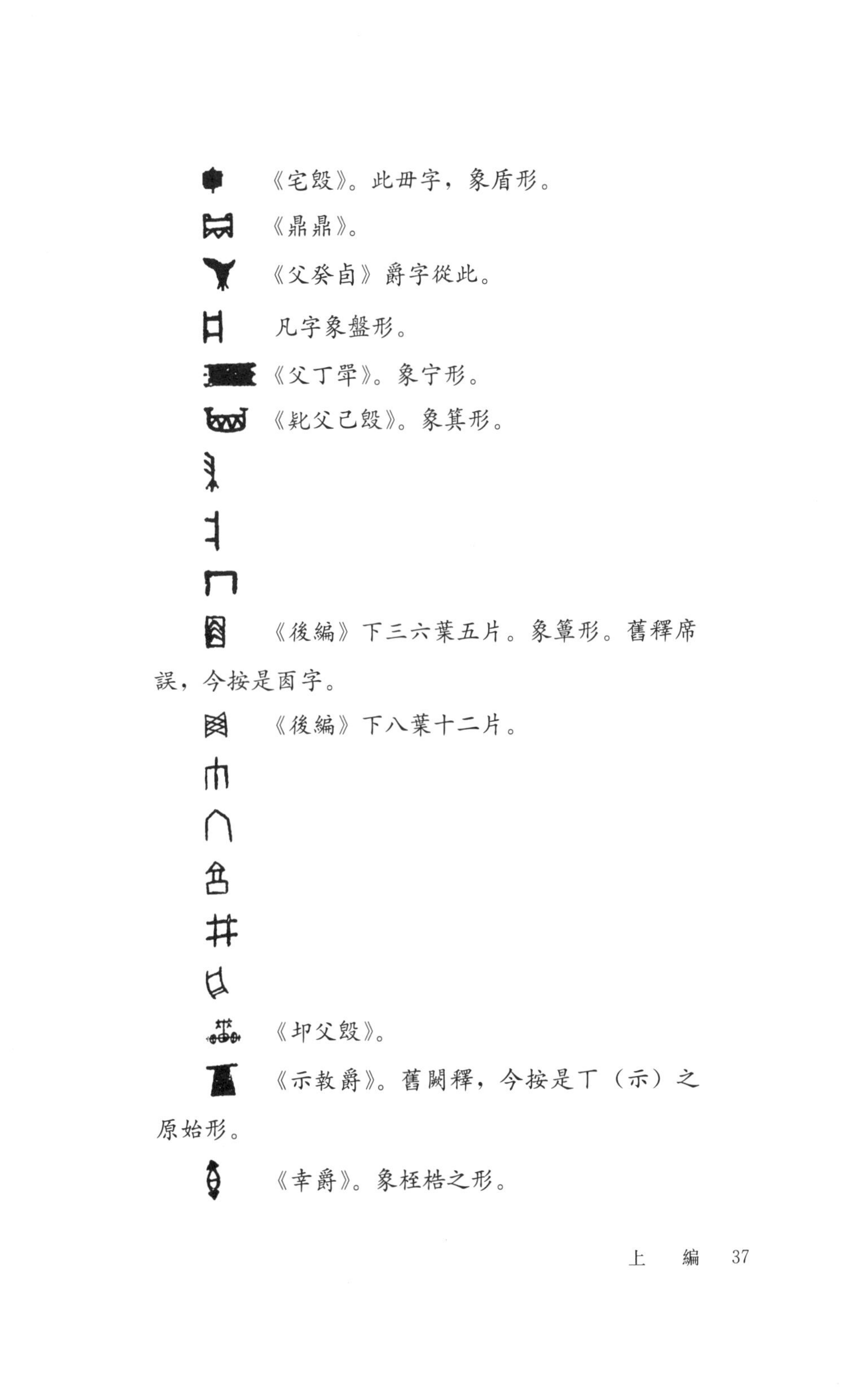

《宅毁》。此毌字，象盾形。

《鼎鼎》。

《父癸卣》爵字從此。

凡字象盤形。

《父丁斝》。象宁形。

《兟父己毁》。象箕形。

《後編》下三六葉五片。象簞形。舊釋席誤，今按是囪字。

《後編》下八葉十二片。

《卲父毁》。

《示敎爵》。舊闕釋，今按是丅（示）之原始形。

《幸爵》。象桎梏之形。

一　象數目之形。上古時，或用刻契，或用數籌，此即象其形。舊以爲指事字，其實非是。

這裡所寫的，雖只是一個概畧，但由此已可看出上古期象形文字和繪畫的關係。一般人把文字認爲是狠方整的符號，這是錯誤的觀念。

舊時在象形字裡分出“獨體象形”和“複體象形”兩種，複體象形應併入象意。又有“象形兼指事”、“象形兼會意”二種，也都是象意字。至於“象形兼形聲”一種，其實只是形聲字。

己　象意文字

這書裡的象意文字的範圍，包括舊時所謂“合體象形字”、“會意字”，和“指事字”的大部分，所以和原來的會意字迴然不同。讀者們對“象意”這个名詞倘還不能了解，這裡有一个最簡捷的方法，只要把象單體物形的“象形字”，和注有聲符的“形聲字”，區別出來，所剩下的就都是“象意”。

象形文字是從圖畫蛻化而來的，象意也是這樣。但象形的成爲文字是自然發生的，——只要把虎兕牛馬的形畫出，任何人都能知道牠們的名稱，——而象意却不然，牠們是人爲的。假使我們對某一個社會的習慣不狠熟悉，就不能完全了解他們的象意字。

在圖畫裡，一個人形，可以畫做，也可以畫做，可

以畫做𠆢，也可以畫做𠆢；這都由於畫者的高興。有的場所，還可以把人形畫做𠆢來象他的側着頭，畫做𠆢來象他的搖着手，畫做𠆢或𠆢來象他的披着——或豎着頭髮，這種都以人爲主體，而他們的形態、動作，只是附帶畫到的。

假使只是圖畫，那末，象形和象意是無從區別的，到文字裡可就不同了。圖畫固然可以把一个很複襍的境狀描寫出來，但要清楚地敘述出一個故事的始末却非凡困難。文字的效用，正像電影片一樣，可以做成連續的圖畫，來説明一事的原委，但不像圖畫的複襍。那是和語言結合了的圖畫，每一个單語需要一幅簡單的圖畫。但除了實物的名稱可逕用圖形來代表外，一切抽象的語言就只好刺取圖畫的片段，給牠們以新的意義，這就是象意字。

上古的人們既已用𠆢和𠆢來代表語言中的大人，接着就創造表示人的形態或動作的文字，這種文字，間接是采用圖形，而直接是由大和人兩字分化。由大字分化做𠆢天　甲骨金文同，後變成𠆢。𠆢夨　甲骨作𠆢，亦作𠆢，俱同。𠆢夭　甲骨金文俱作𠆢。等字，由人字分化做𠆢企　甲骨如此。後譌作𠆢。𠆢兂　《説文》闕兂字。甲骨金文習見。前人釋長，或釋耑，皆誤。𠆢先　甲骨金文同。後變成𠆢。等字；天的意義是顛，夨的意義是頭傾，夭的意義是手的擺動，忝和笑都從夭，象手擺動。企的意義是舉足，宂的意義是細長的髮，先的意義是毛髮盛，這都是代表各種單語的專字。我們可以把這種文字叫做“單體象意”。

至於表示人和人、人和物，或物和物間一切形態或動作的文字，我們叫牠們做“複體象意”。那種文字，雖也用圖形，却儘量地簡畧。表示一个人在瞧，或説話，只要畫一隻眼或一張嘴。例如字表示審視樹木，問字表示在門裡問話之類。一个人拿戈砍死别人只要畫做此古伐字。見《雙劍誃吉金圖録》卷下《甗句兵》，原闕釋。（圖十）此字後省作。把主動的人省去，只畫一手。豖在茳裡畫做，即家字，見《父庚卣》。吴大澂以爲陳豕屋下而祭，非。而和却只畫牛羊的頭。宰即庠字，今人釋牢，非。這樣看來，複體象意字大都不是圖畫，只要把一件事實的要點扼住，使别人能懂得，就够了。

文字的形體，不斷地分化着，象形文字分化成象意文字後，還在繼續分化。例如欠和見是由形分化出來的，字又分化做旡兄甲骨等字的偏旁。三字，字也分化做皀　《殷虛書契菁華》十葉九片作，舊誤釋見。皀馴𣪘作，舊闕釋。余以限字從證之，釋爲皀。旲（垦）卧三字；欠字口向前，見字目亦視前，旡、皀並向後，兄、旲並向上，、卧並向下，這種分化的痕跡是狠清楚的。由象意字分化出來的，我們可以叫做“變體象意字”。

在上古期裡，除了少數象形文字，就完全是象意文字的世界了。象意字使用的範圍極廣，時間又狠久遠，所以變化狠多。有些文字漸離開了圖形，兩字的長畫，和字的象人在地上截然不同，牠們只是抽象的物形。字《殷虚書契前編》四卷五十葉五片象以索繫羊，已把羊頭當做整個的羊。名字象晚上説話，這月形的用法，已象夕字。字表示小鳥，已不象沙形。因此，有些象意字，解釋起來是狠困難的。

因爲象意字是人爲的，任何人可以把要表示的語言和思想自由地畫出來，各人對於同一個題材的畫法，不一定相同，所以這一部分人所認識的文字，其餘的人或許不認識。在較長時期裡，大部分的歧異，固然會漸漸消滅，——有些受大衆承認，有些被淘汰，——但後來的新文字又層出不窮而需要淘汰了。所以，上古期的文字，可以説始終是狠混亂的，而且還是狠繁多的。

庚　上古文字的演變爲近古文字和近古文字的構成

上古文字是用繪畫來表現的象形和象意字，近古文字裡雖還有象形和象意的留存，但最重要的部分却是新興的形聲文字；由上古到近古的重大轉變，是由繪畫轉到注音。

繪畫爲什麽變成注音呢？最重要的原因有二：一，音符文字在使用上比圖形文字方便，在人事日益繁多的近古，音符文字能佔優勝，是無疑的。二，音符文字的急劇的增加，由於私名的發展；人類愈進化，他們的語彙愈豐富，在公名下面一定會添出許多私名來，這種私名——例如人的姓或水的名稱——是畫不出來的，原先只能假借别的字聲，到音符文字產生後，就儘量利用了。

可是，繪畫文字是怎樣變成注音的呢？這是一个較難答覆的問題。更進一步説，從圖畫變成音符，原是一切文字的通例，但何以别的民族都變成了拚音文字，而我們的文字，變成了注音的呢？

我以爲中國文字的變成注音文字，由於她的語言是一種孤立語，除去少數謰語外，每一個單語都是單音節的。中國語的語法上的變化，只在聲調上表現，例如："衣"是名詞，"衣我"的"衣"是動詞；"食"是動詞[①]，"食我"的"食"是動詞；都只有聲調的不同。當這種單語寫成象意字時，衣作，動詞的衣作，即依字，卜辭習見。食作，動詞的食作，而在依飤二字裡，都只有半個字代表語聲。又如近代語把兩人稱爲"倆"，古語也是如此；"百兩"的"兩"是兩輪車，今作輛。"葛屨五兩"的"兩"，是兩隻鞋，《説文》作緉。兩端帛叫做"兩"，兩股繩也叫做"兩"，不論兩人、兩輪、兩隻、兩端、兩股，在語言裡統只有一個"兩"聲。在象意文字裡，仁字代表二人，伍字代表五人，什字代表十人，而只讀爲二、五和十，也都只有半個字代表語聲。這都是中國語的特點，也就是中國音符文字的特點。因語言的單簡，所以在文字裡面能儘量地把形符保存下來，成爲只要念半個字的注音文字，而不變成純音符的拚音文字。

---

① 按："動詞"當爲"名詞"。

在象意文字極盛的時候，漸漸發生了有一定讀音的傾向。我曾研究過這種規律，大概可歸納爲兩類。象意字不變爲形聲字的部分，不適用此項規律。

（一）從名詞變作動詞的部分，每一個字有主動的和受動的的兩方面，以主動的爲形，受動的爲聲。例如：

> 訊，䢅，𢦏，巩，等字，以丮爲形。
>
> 弇，㞾，𠦜，奔，卜辭作[illegible]，舊闕釋。按即𧷢、𢍰二字所從。弄，即𢍶字。龏，弅，等字，以収爲形。
>
> 叀，即尃字。叓，即專字。龎，即櫳字。叙，𣁋，即敏字。等字，以又爲形。
>
> 毁，般，敔，殸，效，敉，卜辭此字舊釋牧，非。攺，等字，以殳或攴爲形。
>
> 𦥯即學字以臼爲形。
>
> 𤔔以𠬪爲形。
>
> 𣥠以止爲形。
>
> 問，启，咠，等字，以口爲形。

凡是形的部分，全是主動的，而代表語聲的半個字，全是受動的。

（二）在主語上加以詮釋或補充而成的文字，每一個字裡有主語和附加的兩方面，則以主語爲聲。例如：

> 晛，朢，朢字本義爲人星月。二字裡的日和月是用

以補足見和垦兩字的；

衜或作徰，徦，徫，等字裡的行或彳形，指出在路上的意義；

滬，漁，等字裡的水形，指明在水裡；

字，富，等字裡的∩形指明在屋裡；

魯即魯字，罒即眢字，等字裡的凵形，指明在器裡；

所以日，月，行，彳，水，宀，口，等形，全是形，而其餘的部分是聲。數目字是一個奇異的例，常用實物去詮釋牠們，所以“仁”以二爲聲，駱駟以三四爲聲。

在象意字漸漸聲音化的時候，私名也正極發展。這種私名原是假借字聲來的，例如人姓的子，地名的商，都只是語聲，現在就可仿效上述方法裡的後一例加以詮釋；寫一子字代表姓，在那旁邊又添上一個女旁，變成了好，卜辭用以代表子姓。女旁是補充的，是形，子是主語，是聲；寫一商字代表地名，在商旁畫上≀，以示水形，變成水名的滴，水是形，商是主語，是聲；那時的人，儘量利用這種新方法，於是，凡是私名，大都變成注音文字。

因這種方法的擴展，許多由引申來的語言，也常利用這種方法而造成新字；例如：戔字增水形成淺，少字增女形成妙，多字增人形成侈，長字增弓形成張，等，水、女、人、弓，都是形，其主語都是聲。

文字的演變，有三條大路，形的分化，義的引申和聲的假借。上古期文字分化的結果，使文字漸漸聲音化，後世人們加以“歸納”，就創始了注音的方法。於是就假借來的私名注上形符，有時就拿音符來注形符，這是“轉注”。至於引申來的語言，本不一定需要形符，後來也頗有“增益”。歸納、轉注、增益，這是形聲文字產生的三條路徑。“字者孳乳而生”，這種形聲文字應叫做“字”。

文字是不絕地在演化，但從繪畫變到注音，却無疑地是一個絕大的變革，所以我們把開始應用注音體的時代叫做近古期。在這時期裡，除了大批新文字都是形聲外，象形和象意，只有小部分保留原形，有些也變成形聲，有些簡直廢棄；而形聲字又在分化，引申，假借，結果又產出新的形聲字來；所以近古期差不多是形聲文字所獨佔的，那些僅存的上古文字只是附庸罷了。參看三十四葉（今按：本書第 31 頁）古文字演變圖

辛　形聲文字

根據前章所述，形聲字是由象意、象語和象聲演變成的。由象意字直接變成形聲的，是“原始形聲字”；由象語或象聲轉輾演變的是“純粹形聲字”。由形聲字再演變出來的形聲字，有的叠床架屋，是“複體形聲字”；例如：殸從声聲，磬從殸聲。有的改頭換面，是“變體形聲字”。例如：翌昱並從羽聲，變爲昱，從立聲。

因爲形聲字的發達，有許多難畫的圖形，也歸到音符，例如鳳和雞本都是圖形，而又加上假借來的凡奚二聲；又如

麋罟本作，改成罞，從矛聲；這都是純粹形聲字中的變例。但有些形聲字的來源，是基於錯誤，例如由《父丁斝》，本示尾梢特大形。變爲，遂誤爲狽，從犬貝聲；由和混合爲，變爲，誤爲從林寏聲之類，我們只能叫做“雜體形聲字”。

形聲字也是隨時在産生，隨時被淘汰的。有些偶然發生的文字，居然保存下來，例如殷人稱上甲爲，原和報乙報丙報丁同，均即方字，方——即祊——即報祭，是當讀爲報甲，然援形聲之例，可僅讀甲聲，後人就沿用下來，金文《兮甲盤》的字，小篆的字後譌爲，都是，人們早已忘却牠是上甲的專名了。但這種特殊的例是很少的。卜辭二千作，金文雖尚沿用，見《魯白愈父鬲》等後來究竟被淘汰了。金文玟是文王，珷是武王，見《盂鼎》《歸夆毁》等後來竟不再用。卜辭和金文的形聲字，十之二三是現在早已廢絶的了。

形聲字的産生，雖没有固定的範圍，但由淘汰下來的結果看起來，却自然而然地有牠們的分野。除了少數的偶然變異外，古人所慣用的形母和聲母是狠容易找出的。不過我們要注意《説文解字》所列的部首不都是形母。例如：一篇有一、上、示、三、王、玉、玨、气、士、丨、中、艸、蓐、茻，等部，其實只有示、王、玉、士、艸，等字，確是形母。《説文》所謂形聲字，多不確，例如：《一部》的元字，即兀之異文，誤謂從一兀聲；丕字本作，即不之異文，而誤爲從一不聲；吏字本作，或作，不從一，誤謂爲從一史聲；以此推之，知《一部》本没有形聲字。

我們要是把形聲字歸納一下，就可以知道除了一部分原始形聲字外，純粹形聲字的形母，可以指示我們古代社會的進化。因爲畜牧事業的發達，所以牛、羊、馬、犬、豕，等部的文字特别多。因爲農業的發達，所以有艸、木、禾、來，等部。因爲由石器時代變成銅器時代，所以有玉、石、金，等部。因爲思想進步，所以有言、心，等部。我們假如去探討每一部的内容，恰等於近代的一本專門辭典。

由此，我們可以知道形聲字的真正價值。一個民族裡的普通語言，上古的繪畫文字是儘够代表的，但社會進化後的專門術語，却非利用音符文字不可。形聲文字固然是音符的，但同時又指出意義的類别，這可以説是極完美的文字。所以在形聲文字既發展以後，還要創造象意文字，例如：巧言爲辯，朋空爲照之類，實是不智的舉動。而一直到現代，我們用形聲字的方法來創造專門術語，無疑地還是一件絶好的利器。

壬　由近古文字到近代文字

近古文字和近代文字在文字的構造上是没有什麽分别的。近古期以形聲文字爲主體，一直到現代，還是沿襲着。但近代文字在形式上漸漸簡單、艸率、譌誤，因而自成一種形體，和古文字隔離。

近古期文字，從商以後，構造的方法，大致已定，但形式上還不斷地在演化，有的由簡單而繁複，例如丅變爲示。有的由繁複而簡單。例如[illegible]變成[illegible]。到周以後，形式漸趨整齊，《盂鼎》《曶[①]鼎》等器都是極好的代表。春秋以後，像：徐器的《王孫鐘》，齊器的《綸鎛》，秦器的《秦公𣪘》和《汧陽刻石》等，這種現象，尤其顯箸，最後就形成了小篆。

不過這只是表面上的演化，在當時的民衆所用的通俗文字，却並不是整齊的，合法的，典型的，他們不需要這些，而只要率易簡便。這種風气一盛，貴族們也沾上了，例如春秋末年的《陳向陶釜》圖十一上的刻銘，已頗艸率，戰國時的六國系文字是不用說了，秦系文字雖整齊，但到了戈戟的刻銘上，也一樣地苟簡。《陳向釜》的立字作立，狠容易變成立；《高都戈》《周金文存》六卷九葉的都字作都，狠容易變成都，這種通俗的、簡易的寫法，最後，就形成了近代文字裡的分隸。

近古文字已不容易看出字形所代表的意義，到近代文字裡，沿用愈久，譌變愈多，當然更看不出來了，於是文字就漸變成單純的符號了。

---

① 按："曶鼎"即阮元《積古齋鐘鼎彝器款識》卷四所著録之"曶鼎"。該字在銘文中作曶，現當代學者有的釋作"曶"（王輝：《商周金文》，北京：文物出版社，2006年，第167頁），有的釋作"舀"（中國社會科學院考古研究所編：《殷周金文集成（修訂增補本）》，北京：中華書局，2007年，第1519頁）。

上編正譌

十一葉下（今按：本書第 13 頁）　“有曹載奎的《懷米山房吉金圖》和劉喜海的《清愛堂彝器款識法帖》，則又取法於《先秦古器記》”，一節有譌誤。《清愛堂法帖》雖是石刻，不摹器形，與曹書不同。

十二葉上（今按：本書第 14 頁）　“古印的蒐集，則始自宋徽宗的《宣和印譜》”。按此書恐出僞託。

二十四葉上十行（今按：本書第 23 頁）　“只是　和　”，當作“只是　和　”。

三十七葉下十行（今按：本書第 36 頁）　“　”字應删去。因　象天，　象水點，實是象意字。

四十二葉下三行（今按：本書第 40 頁）　“變體象意字”下當補：

象意字的一部分，後來變成形聲字的，這是“聲化象意字”參閱庚節。也就是“原始形聲字”。

四十五葉上六行（今按：本書第 43 頁）　“我曾研究過這種規律”，當易爲“我曾研究這種‘聲化象意字’，發見了牠們聲化的規律”。

古文字學導論

下册

附下編正譌

下 册 目 録

下編

附

下　　編

一、爲什麽要研究古文字和怎樣去研究牠

許多人研究古文字的目的，不過是想把古代多知道一些。由甲骨金文的認識，我們可以知道一部分古代的麻史和文化；由文字的形象，可推知初造文字時的一部分文化；由文字形體的變遷，與譌誤，也可以做校勘古書時的一種幫助。

誠然，研究古文字有這些用處，但是把研究的目的，僅限於這些，却未免太狹小了。我們不妨把古文字做考古的一種工具，但不要忘記牠們在文字學上佔有極重要的位置。

舊時的文字學，所研究的對象，只有小篆，古籒的材料太少，不能研究。隸書以下，是學者們懶得去研究的，所以，範圍是狠窄的。文字學者雖想把形體、聲音、訓詁，統包括到文字學裡去，不幸，這種企圖是失敗了。語言音韻的研究，既發展爲一門獨立科學，訓詁方面，又被語言音韻和文法瓜分了去，於是，所謂文字學，只存了小篆的研究，永遠去鑽陳腐的六書説的牛犄角，而找不到出路；雖也號稱爲科學，但是和語言音韻比較起來，不免是黯然無色了。

但是，文字的形體的研究，是應該成爲獨立的科學的。語言的主體是聲音，文字的主體是形體，我們可以把文字的聲音歸到語言學裡去，但形體却是獨立的；我們對於音符字

可以認爲語言，但形符字、意符字，和半音符字的非音部分，却不是語言所能解釋的。文字固然是語言的符號，但語言只構成了文字的聲音部分。我們要研究每一個符號的起原和演變，我們要研究出一種適當的符號，那都是文字學的範圍。

在我要創立的新文字學裡所要研究的，是從文字起原，一直到現代楷書，或俗字、簡字的歷史。這範圍是極廣泛的，但最重要的，却只是小篆以前的古文字。

由甲骨、彝器、匋、印，等文字的鉅量的發見，我們可以把小篆以前的文字史，延展了一千多年；我們從較古的材料裡，推測文字的起原；我們對於文字的構成，可以建立新的、完善的理論，用以代替陳舊的六書説；這都是新文字學裡主要的部分。語言音韻學者一定要研究古音，文字學者也一定要研究古文字；現在，文字學者不去深切的研究古文字，而研究古文字的人又忘了那在文字學上的重要地位，這是何等錯誤呢!

我們要把文字學革新，成爲真正的科學，那末，最要緊的，是古文字的研究。所以，爲文字學而研究古文字，才是學者所應認清的主要的目的。

至於我們所要採取的研究的方法，是隨目的而轉移的。假如我們只如一般的好古者，用賞鑒的心理來認識古文字，那就可以不求甚解的把“弭中”讀作“張仲”，“大黽”釋爲“子孫”，或再從這等謬説裡添上許多附會；假如我們只要把古文字做一種工具，那就衹用找較正確的古文字彙來記熟些文字，即使有了錯誤，自己也不用負責；自然，誠實的學者，是不肯這樣的。這種研究，都是比較簡單的。

高明一些的研究者，能够本着他的經驗，用他的思想，去把各家的考釋抉擇一下，承認他所信的，剔去他所疑的；再進一步，因經驗的豐富，思想的鋭敏，或許對若干文字有所發明，這一定是一个孜孜不倦的專家了。但是，由文字學的眼光看來，這種研究的方法，和普通人的研究，相差並不狠遠。

這些研究者，大抵可分爲兩派：一派只做小部分的研究，常敢發出新奇的見解；另一派大都是字彙的編輯者，常較審慎，幾可説絶少創見；但這兩派的弊病是一樣的，他們没有理論，没有標準，是非的判斷，一半是經驗，一半却是情感。

前一派的人，説“皇”字是冕形，“王”字是斧形，“辰”字是布機形，等類，像飢不擇食一樣，只顧一時的暢意，不管在綜合研究後的結果是否可通，這固然是方法的不精密。後一派的人，深閉固拒，對新説往往加以懷疑，但他們所相信的字，像：徝（德）的釋爲循，彔的釋爲熊，述的釋爲遂，一類①，都是不應有的錯誤，可見不先立標準，而只謹慎選擇的方法，也還是不精密。

假使我們爲文字學的目的而去研究古文字，那末，我們必須詳考每一個字的歷史，每一族文字中的關係，每一種變

---

① “一類，”是後來補寫在“都”字右邊的。“一”下之字小而模糊，根據書中的習慣用法判斷，應爲“類”字。

異或錯誤的規律；總之，我們要由狠多的材料裡，歸納出些規則來，做研究時的標準。有了這種標準，就可以做有系統的研究，既不必作無謂的謹慎，也不致於像没籠頭的野馬一樣。

我們需要大膽地推想，但不要忘記了真實的證據，和一切規則的限制。我們要搜集豐富的材料，但不要以爲學問僅止于此，把腦筋弄得太簡單。我們要學了便想，想了再學，這樣，才可以發明出新規則，只有根據這種規則的學説，我們才能相信。在新的文字學裡的古文字研究，是必須有系統，而且是有規則的。

因爲我們務要避免空想，所以必得研究和古文字有關的學科，必得蒐集，並整理各種古文字的材料，用以充實我們自己。又因爲我們務要避免亂想，所以得找出許多認識或解釋古文字的方法或規律。在下面，我將詳細地説到這些。

二、一個古文字學者所應當研究的基本學科

甲　文字學

研究古文字，無疑地要有文字學的基礎的。但是有些人總把這事看得太容易，以爲只要知道一些連自己也不甚了了的“六書”説，能查《説文》和翻《經籍籑詁》，能知道古聲韵的大概，就具備了自己應有的文字學的基礎了。

一個真實的學者，決不肯把學問看得如此容易的。他不會僅要知道一些簡單的常識，他一定要對每個問題都詳細地

尋根究底，所以要獲得一些文字學的基礎，將費很多的力氣。

研究古文字者，往往不注意書本裡的材料，這是很錯誤的。地下材料，文字多的像甲骨和銅器，都有文體的限制，所用的文字老是這一套，所以有些文字，幾可説永不會被發見的，這種缺點，只有書本上的材料才能彌補。没有這部分材料，就不能做有系統的研究。

不但這樣，地下發現的文字，大衆公認爲已認識的只有一部分，其餘未認識的文字，有些人在胡猜亂想，有的人對之瞠目，但假如注意了書本上的材料，有些字是很容易解決的。例如：甲骨的役字，舊以爲《説文》所無，不知這是“役”字的重文。金文的𠂤和覃，舊所不識，近出的《古文聲系》在簟字下説：“竹席，从，象文之形”，其實《説文》“簟”從“覃”聲，“覃”又從“𠂤”，本很明白，既認得“簟”字，“覃”和“𠂤”也就應該認識了。古鉨的字，舊時也不識，《汗簡》止部有字，釋做“光”，這無疑地是六國時的别體。那末，單就辨識文字的一層，也就應該注重到書本上的材料了。

蒐集書本上的材料，是一件複雜、瑣碎，而又繁難的工作。除了《説文》以外，重要的書像：《爾雅》、《方言》、《釋名》、《廣雅》、《玉篇》、《經典釋文》、玄應和慧琳《一切經音義》、《廣韻》，以及日本人所箸的《萬象名義》、《字鏡》等，都包含着狠重要的材料；即稍次要的書，像：《小爾雅》、《急就篇》、《五經文字》、《九經字樣》，以及《華嚴經音義》、《三部經音義》等，也都有用處。學者第一步的工夫，就得博覽這許多書，以便擷取那裡邊的材料。

有一部分的古書是久已亡佚了，但還可以搜輯佚文，而且還有研究的價值，像《倉頡篇》或《三倉》、《聲類》、《通俗文》、《埤倉》、《字林》、《韻集》一類，有些有幾个輯本而體例不善，有些雖有輯本而不全。在學者用功的期間，輯佚的工作，也是值得做的。

我們要在古書裡蒐集材料，材料的本身，也應當注意到。有些書很早地就有許多本子，像：《説文》、《玉篇》等書，早不是唐以前的面目。到雕版以後，一本書有幾種版本，文字也都有異同。所以學者要求材料的可信，是不能不做一番校勘的工作的。

除了蒐輯材料以外，對於古書的本身，像：書裡面的體例，材料的來源等，也是學者所應弄清楚的。多看前人的箋、注、疏、釋，固然是有益，但假如自己能下一番工夫，那受益處一定更多了。

一個文字學者對於這種預備的工作，是不能不經歷的，但不可把這些當成學問而便“自畫”了。往往有人看了許多書，抄了許多稿子，輯了些佚書，做了若干校勘記，到臨了，不明體例，不別是非；也有人墨守住一本書或一家的注釋，就不管其餘；這都是有止境的。

新的文字學的研究，是不能有止境的。要在豐富材料裡整理出全部的文字史，和變遷的規律，那末，除了研究地下各種材料外，還得致力於各種基礎的工作，基礎築得愈堅固，研究時就愈方便，在起始時雖很費力气，但這種力氣，是不會白費的。

乙　古器物銘學

古文字學可以説由古器物銘學的發展而産生的。有人把古器物銘攷釋出來，就有人依據這些攷釋而編成字彙。這種字彙，起先只有寫古籀的、刻印章的，用着牠，最後才知道牠在文字學上的價值。

現在，古文字學已從古器物銘學裡分了出來，變成文字學的一部分，但牠和牠的老家的關係，還是不能割絶的。我們要研究古文字，決不能單靠幾種字彙，而不去研究古器物銘學。因爲這種研究，不是容易的，有時窮年累月，才能做三兩篇考釋；而編輯字彙的人是利在速成的，那樣廣大的範圍，不求速成，就永遠做不成。不暇把銘辭詳細研究，所以除了沿襲舊説外，不能有狠多的訂正或發明；並且，還有些疏忽，例如把兩字誤合做字，字誤分做雨雷兩字，之類，也是難免。所以，即便是很好的字彙，也只可以做參考，一個研究文字學者，同時必得研究古器物銘學。

自然，在研究古器物銘學的時候，又得明瞭許多相輔的學科。每一個器物的時代、地域、名稱、用途、形製、質料、圖案、書法等，對於研究銘文時都有關係，那末，考古學、古器物學、古代藝術，都是不能不知道的。一個器物銘辭裡面的有關於歷史、文化、氏族、地理、年曆[1]等部分，當然是研究的重要對象，這是古史學、社會史、文化史、古地理學，或古厤學的範圍。

至於基本的學科，第一，當然要數古文字學了，因爲不認識古文字，固是無從研究，認識錯誤了，也是枉拋心力。其次，古代文法、修辭學、古音韵，也是極重要的，因爲僅認識了文字，不一定能讀通一篇銘辭。

或許有人說，在古器物銘學上要用這許多工夫，是太麻煩了，這種麻煩有些是古文字學者所不必需的。但是，怕麻煩，不是學者所應有的。爲怕麻煩而不去研究古器物銘學，或研究得不盡力的人，在古文字的研究裡，也一定不肯下苦工，這種人的研究，是不會得到鉅大的收穫的。

三、古文字的蒐集和整理

研究古文字的人，假如不願意依賴別人供給的材料，他就得自己動手去蒐集了。

一般材料的來源，不外乎攝景、拓本、景印本、鉤摹本、摹刻本、臨本。攝景和拓本，當然最好，但不可必得。景印本的價值，不下拓本，但偶有印得太壞的，還不如摹本。像：《鐵雲藏龜》《拾遺》[2] 之類。鉤摹本、摹刻本，有時和拓本相差

---

① “暦”原作“歷”，今改正。

② 此處“鐵雲藏龜”與“拾遺”分居兩行，難以確定是說一書還是二書，這裡姑且如此標點。

無幾，像：《攈古録金文》和近出的《綴遺齋彝器攷釋》等。但有脱落譌誤的地方，就無從考查了。臨本的字形，每有變易，不能依據，但有時也可用做參攷的資料。

搜集材料，第一得辨别真僞，不僅器物有僞製，拓本也常有作僞的，《奇觚室吉金文述》所收甚多。尋常碑賈所賣，也大都是假的。就是明眼人有時也不免受欺。鑑别的方法，除了原器的鑒定外，應當在銘辭、字形、書法諸方面判斷，多看真的，自然會知道假的。但在自己的經驗没有豐富時，最好先用前人已鑒定者來做一種標準。甲骨僞者雖多，但較易辨。見於箸録的，像：《鐵雲藏龜》《殷虚卜辭》《龜甲獸骨文字》等書裡，只有幾片。金文裡假的太多，像：《周金文存》所録就不少，學者宜參看王國維及羅福頤所輯《金文箸録表》以别真僞。

第二，得定一個蒐集的計畫，甲骨有幾萬片，銅器單是商周，已箸録的有五六千，鉨印、匋器、貨幣等材料，都是盈千累萬，材料這樣地多，要是隨便蒐輯，一定顧此失彼。所以先要決定搜羅那種材料，其次，是用何種方法。

根據一種字彙，做修改和增補的工作，是較容易的，但這樣易於受原書的拘束。把所有的材料，剪裁粘貼，或摹下來，重行編集，固然較精密，但也有短處。有些字重複至數千，像甲骨的卜字，一一蒐集，未免太笨。又模糊殘缺的地方，往往不能加以注意，難免譌脱。最好的方法，還是先編成了一種精密的箸録表，再按表去蒐集。

材料蒐集來了以後，就得做整理的工作。因爲依照上面那種方法去蒐集的結果，一定有狠多的單字，每一個單字又常有狠多的寫法，假如不去整理，一定茫無頭緒。

整理的方法，是依着各人的喜歡和經驗，把這些材料編集成有系統的長編。用《説文》分部的方法，用分韻的方法，或其餘的方法，都可以的，用自然分類法，當然更好。這種分類法，後邊另有説明。在每一個單字裡，要把各種不同的字體，依着時代和地域的區别而列成一個系統。

四、怎樣去認識古文字

甲　怎樣去辨明古文字的形體

材料經過整理之後，我們就要求對於每個字的認識和了解了。在這裡，第一步得把字的形體筆畫都弄清楚了。普通人能看摹寫刊刻的文字，因爲筆畫是清楚的，但到了原器、拓本和影印本，有些筆畫就不能辨認了。

古文字形體的難辨認，有好幾層原因：

契刻鑄范的不精，往往使文字的筆畫錯誤、脱漏、雜亂，例如：在甲骨中，有時只作，《龜甲獸骨文字》一卷十八葉有骨臼刻辭云："秝示三屮一完"，乃之刻譌；商承祚録于禾下，非是。金文范誤之字最多，如：字誤作《中殷父毁》，字誤作《齊大宰①父盤》；有時脱漏一字，就在上面補刻，又有錯誤，像《夨盤》把字刻成，就

① 今按：的中部是直接摹寫原字（見《集成》10151）的左上部而來。

是一例；至於每字的偶缺一部分，更是常見；六國後兵器一類上所刻，尤多雜亂。圖十二

古器物歷時既久，不免磨滅，毀損破碎，或爲土斑銅鏽所掩，因而字畫不清及有殘缺，例如：甲骨的《鐵雲藏龜》一四三葉第一片，羅振玉誤釋爲巫，不知這是的殘字，同書一八八葉三片，與上辭畧同，但上的形尚畧存。《汧陽刊石》的字，前人都寫爲，不知中筆乃石紋。有許多甲骨或銅器，明知有許多文字，但磨泐到不能辨筆畫，也是無可奈何了。《大良造鞅戟》云："□年大良造鞅之造戟。"年上泐，年字但存下半，作，《集古遺文》缺而不敢釋，亦其一例。

古器物出土後，給俗工剔壞，例如：鼄字作，山東圖書館藏滕縣所出《鼄義白鼎》（圖十三）。凡此次滕縣所出銅器，文字多剔壞。字作。程氏所藏《保侣母壺》（圖十四）

拓本模糊，印本惡劣，至不能辨認筆畫，尤是常有的事。例如：《交尊》的字，誤認爲卲，《酈医鼎》的字誤認爲同。《集古遺文》摹録《者瀘鐘》錯誤最多，《曾子中宣鼎》誤讐爲馬，都是拓本不清晰的緣故。《契文舉例》裡所舉甲骨文字很多錯誤，是所根據的印本《鐵雲藏龜》不好。

摹本和臨本的錯誤。《攈古録》、《集古遺文》等書，都是摹本中較精的，但都不免錯誤。臨本就不用説了。

在材料方面，有這許多缺陷，使研究者感到困難。但有些錯誤是學者們自己造成的。最易犯的毛病，有三種：

（一）古時書法，對於分布方面，不像後世的整齊，學者常把一字誤爲兩字，像[古文字]汚字誤認爲匕乙；又把兩或三字的合文誤爲一字，像[古文字]又乇誤認爲拕字；又把一字的旁邊文字的一部分，割取過來，併成一字，例如：羅振玉所釋的濩字中，有作[古文字]形，實是[古文字]隹[古文字]二字之誤見《鐵雲藏龜》百六九葉一片；又把一字上下的文字的一部分割取過來，併成一字，像[古文字][古文字]眂[古文字]誤併成[古文字]字見《員鼎》。（二）在原器上的斑銹或剥蝕和字形相近，或因拓本的摺紋裂孔影印後不能詳辨，遂誤認爲文字的一部分，愈是小心謹慎，愈易犯這種毛病。例如：《甲骨文編》坿録有[古文字]字，其實是[古文字]字，原文云："癸卯卜，㱿，于羽□未酒衣。"（下缺）見《鐵雲藏龜》四十葉二片。因未字旁本有卜兆裂紋，遂致誤認；又卷一的三字下所録有[古文字]形，即因拓本損壞，致多[古文字]形見《殷虚書契後編》卷上二十五葉十片；《殷契佚存》四三三片有[古文字]字，原文云："貞王寍[古文字]亾□。"《考釋》誤寫做[古文字]；四四一片有[古文字]丂字，《考釋》誤寫做[古文字]，這也都是没有詳辨的緣故。（三）因文字殘缺，拓本或印本模糊，以致誤認的。例如：《殷虚書契前編》有"己亥卜缺萑耤"缺一辭六卷十七葉六片，"耤"字當作[古文字]，因下方折損，但存[古文字]形，諸家便誤摹做[古文字]；《番生𣪕》："𩕝遠能㹰"，𩕝字本作[古文字]，昔人誤摹做[古文字]；也都不免疏忽。

所以，認清字形，是學者最須注意的，假如形體筆畫，没有弄清楚，一切研究，便無從下手。認清字形的方法，首先要知道，文字的變化雖繁，但都有規律可尋，不合規律的，不合理的寫法，都是錯誤。學者有了文字學的根底，和認古文字的經驗，便該對每一個字的寫法，先有一個成竹在胸，不要給那種錯誤迷惑了。其次，學者在辨識一字時，就得把銘辭想法讀通，這也是減少錯誤的一法。

如發見拓本或印本模糊，摹本臨本有錯誤，應該找别種本子，如找不到别種本子，那只好闕疑。至於原器范誤或剔損的字，只可以做參考，不能用以做研究的根據。

許多初學書法的人，最怕剥泐較多的碑誌，要他們在蠶叢裡闢鳥道，確是一件狠困難的事。初學古文字的人，也是這樣，拿上一個字來，便覺得無從下筆，自然動輒得咎了。

會寫字的人，是先知道什麽字要怎樣寫法的。

乙　對照法——或比較法

有人説：“研究埃及古文字的方法是科學的，而研究中國古文字的方法是非科學的，因爲我們不能得到像《羅塞達刻石》Rosetta stone一類的東西，——那是用埃及的象形文字、通用文字，和希臘文字，三種，對照着寫的，——所以不會有和商坡弄Champollion一樣的成功。”

説這樣話的人，一定對於中國的古文字學不狠熟悉。因爲他們不知道中國的古文字學幾乎完全是由“對照法”出發的。

埃及文字是已被忘却而重行發見的，但中國文字是從狠古的時代，一直到現在，還是行用的，所以，研究埃及古文，必須靠《羅塞達刻石》做鑰匙，而中國文字裡最古的○，或⊙、[古文字]、[古文字]、[古文字]，等字，和現代的日、山、艸、行，等字，却不需要任何鑰匙，就可以得到比較。中國古代文字和近代文字的比較，至少比用希臘文字和埃及文字比較更可靠些。

但是，古文字和近代文字的差異，有時狠多，《説文解字》一書，就是這兩者中間的連鎖；自然，嚴格説起來，這種連鎖應屬於小篆和六國古文的，因爲這種材料，現在留存狠多，即使没有《説文》，也没甚關係。而魏《三體石經》用六國古文、小篆、隸書，三種文字對照，正和《羅塞達刻石》相仿，但我們對於六國古文的認識，也並不是非此不可的。

因爲周代的銅器文字，和小篆相近，所以宋人所釋的文字，普通一些的，大致不差；這種最簡易的對照法，就是古文字學的起點。一直到現在，我們遇見一個新發見的古文字，第一步就得查《説文》，差不多是一定的手續。

對照的範圍逐漸擴大，就不僅限于小篆。吳大澂、孫詒讓都曾用各種古文字互相比較。羅振玉常用隸書和古文字比較，不失爲新穎的見解。例如用“戎”和“[古文字]”對照之類。新出的材料，像：三體石經、例如：用[古文字]和[古文字]比較，知道應釋免。西陲木簡、唐寫本古書等，尤其是近時學者所喜歡利用的。

雖是這樣，却還没有人儘量地利用這種方法，因而有好些狠容易認識的文字，至今未被認識。例如：[古文字]字，在①甲

① 此字原作[古文字]，殘泐，據文意應是“在”（[古文字]）字。

骨和銅器裡常見，向來没有人認得，有人釋做“癸”，非是。假如我們去讀《詛楚文》，就可以知道是“巫咸”的“巫”字，《説文》作[古文字]，反不如隸書比較相近；[古文字]誤爲[古文字]。金文有[古文字]字，以前也不認識，由此就可知道是筭字了。《史懋壺》：“寴命史懋路筭。”昔人或釋做筭，非。

應用這種方法時，得知道古文字裡有些變例，像：反寫，倒寫，左右易置，上下易置，等。不然，往往因寫法不同，狠容易識的字，都變成難識了。

反寫例在古文字裡最多，人字應作[古文字]而寫作[古文字]，[古文字]字變作[古文字]，除了少數的例外，像[古文字]又不可寫作[古文字]ナ之外，凡是左右不平衡的字，幾乎没有不可反寫的。在複體文字裡，還有只把一邊或一部分反寫的，例如[古文字]瑊字寫成[古文字]，[古文字]㕤字寫成[古文字]之類。（注意）《説文》例的反人爲匕、反正爲乏，等，在古文字裡是不適用的。

倒寫例，左右易置例，上下易置例，也都是常見的，不過較難辨，所以專家也會被矇住。例如：[古文字]㝵寫成[古文字]，《金文編》放在附録；[古文字]字舊摹作[古文字]，乃是誤認，非倒寫，《金文編》已改正。[古文字]字放在言部，不知就是“㹞”字；[古文字]字羅振玉釋做糞，不知就是“棊”字。原文云：“才棊”地名。見《殷虚書契前編》二卷十八葉六片。

應用這種方法時，還有應該十分注意的，就是不要把不同的字來拉在一起。以前的學者往往隨便把兩個畧髣髴的字，併了家，例如：薛尚功把再字釋成“𢍰”，朱本薛氏《款識》四十二葉：“舉字。按《集韻》云：‘𢍰音舉，支鬲也。’乃鬲省耳。”許印林把字釋做“劉”，《攈古録》一之一卷十九葉引許説云：“字作，此足證劉從閉門之丣，不從開門之。”孫詒讓把彡釋做“馬”，《名原》上六葉及《契文舉例》下卅九葉。羅振玉把冢釋做“馬”，詳見余所作《獲白冢考》。容庚把釋做“蔡”，《金文編》一卷六葉云：“蔡，魏《三字石經》古文作，故得定爲蔡字。”今按字從，與象獸形，大不相同。甲骨習見字，即希字，希可借做殺，也可借做蔡，那末，《石經》的字，也就是希字。《戩壽堂殷虛文字》卅三葉九片又别有字，和金文同，可見不是字。這種錯誤的例子，是舉不盡的，學者做比較的工作時，應該十分嚴密，才好。而且，無法比較的字，就得用别種方法去解決，萬不可胡扯亂湊，把自己墮入魔道裡去。

丙　推勘法

除了“對照法”以外，往時學者所常用的方法，就是“推勘法”。有許多文字是不認識的，但由尋繹文義的結果，就可以認識了。雖然，由這種方法認得的文字，不一定可信，但至少這種方法可以幫助我們去找出認識的途徑。

劉原父、楊南仲一班人所釋的文字，在現在看來，雖多可笑，但是他們在古器物銘學開創的時期裡，已經建樹了不少功績。他們能把十字釋做“甲”，“”字釋做“叔”，就是狠好的證明。他們根據成語，就把“壽”釋做“眉壽”；根據辞例，就把“又下國”，讀做“奄有下國”；根據叶韻，就把“高弘又”，讀做“高弘有慶”。這都是應用推勘法而得的。

和對照法一樣重要的推勘法，在目前還是不可缺的，金文裡地支的字，是一千年來的一个啞謎，由於甲骨上干支表的發現，我們可以推勘出來了。金文的“”，以前誤釋做“故”，和“乃”，“”字誤釋做“刊”，劉心源才讀做“粤”，和“于”，這就是由推勘文義而得的。甲骨文的“㞢”字，舊時誤釋做“之”，郭沫若才讀成“有”字，也是根據文義而推得的重要發明。

但是，這種方法，不是完全可靠的。“”字本應釋做“弔”，吳大澂、羅振玉等硬把來當做“叔”字解説，就錯了，因爲金文是另有“”字的。《金文編》以爲弔和從弔的字，都是叔字之誤，而把字列入附録，也不對。“弔”字後世讀爲“叔”，所以就借用“叔”字，正和“亹”今誤爲釁的借用“眉”，“竈”的借用“奄”，是同樣的例子。那末，推勘法只能使我們知道文字的一部份讀音和意義，要完全認識一個文字，揔還要别種方法的輔助。

不過，單是這一些用處，對於我們的裨益，已是不小了。

金文裡的“”字，前人誤釋做“太”，我因“”字小篆或作“”，推知“”就是“”亢，但最重要的證明，是“幽亢”《趞鼎》、“朱亢”《痾毁》的就是“幽衡”“朱衡”。《曾伯霥簠》的“”舊摹作，非。前人誤釋做“業”，容庚引“悊聖元₌武₌孔”，以爲釋“業”和文中用韵不合，因改入附録。郭沫若仍釋做業，以爲和“午”、“武”合韵。我在字形方面，認爲當是黹字的變體，而《休盤》的“”，《宰犀父毁》的“”，都就是“黹屯”，“黹屯”金文習見，吳大澂釋爲裳，誤。“黹屯”就是《顧命》的“黼純”，《士喪礼記》：“縓綼緆，緇純”，注：“飾裳在幅曰綼，在下曰緆，飾衣曰純。”所以金文常說：“玄衣黹純。”是第一個有力的證明；簠銘說：“隹王九月初吉庚午，曾白霥悊聖元武，元武孔‘黹’，克狄淮尸夷，印燮蠶湯，金衛鐊錫行，具既卑方。”“午”、“武”是韵，“黹”、“尸”是韵，“湯”、“行”、“方”是韵，“黹”訓“紩衣”，有工緻、緻密的意思，引申出來，就有善的意思。“黹”“至”聲相近，《弓人》《注》，《節南山》《箋》，都說：“至猶善也。”是第二個有力的證明。金文的，見《𡜊彝》，舊稱《辛巳彝》以前不識，或釋“糾”，誤。薛氏《款識·敔毁》說：“王令敔追于上洛炂谷”，字宋人釋“迎”，郭沫若釋“御”，從形體上說，是的譌體，從文義上說，釋“御”禦恰是合適，所以我以郭說爲是，而字就是卬字，也可以證明了。

我在上面舉了兩三個例子，狠够證明這種方法的價值了。

不過，在研究的時候，千萬不可拋開了文字的形體。有人把金文的“乎”字，附會《尚書》的“伻”字，不知金文原有“平”字，這種路是走不通的。但這種病學者犯的狠多，把字釋做裳，也就是一例。至於葉玉森一流，“今”釋做“今夏”，“今”、“今”又都是“今夏”，這種方法，好像學畫的人，專畫鬼魅一樣，也就不值得抨擊了。

丁　偏旁的分析上

分析偏旁的方法，宋人已經用過，例如《博古圖録》在《秉中鼎》裡説：

> 按王安石《字説》秉作，从又从禾。此上一字，作，以象禾，以爲又，乃秉字也。

又在《周公鼎》原作《周文王鼎》裡説：

> 彝，《説文》云：“宗廟常器也。从糸，糸綦也；廾持米，器中實也，彑聲也。”今①彝其首作者乃彑也，其左作點者象米形也，右作者糸也，下作者廾也。

---

① 底本在“也”“今”二字上加圈，可能是表示此二字應删去。

但是應用這種方法的時候極少，而且多是狠容易認識的文字，一遇見難辨的文字，還是任意猜測。

清代學者的《説文》學較深，不致於到王安石《字説》裡去徵引小篆了。除了陳慶鏞、莊述祖、龔自珍一班妄人外，像：嚴可均、徐同柏、許瀚，以至吳大澂、孫詒讓，等，雖則學力有高下的不同，但每解析一箇文字，揔都有些依據。

字宋人釋做“敦”，錢坫説：“《説文解字》簋從竹從皿從皀，此所寫之，即皀字。皀讀如香。此則改竹皿而從攴。”嚴可均也把釋做簋。錢和嚴都精於《説文》學，所以能有這種發見，但一直到最近，黄紹箕、容庚相繼推闡這一説後，才得多數人的信從。由這一事看來，許多學者揔是故步自封，厭聽新説，儘管你用科學的方法，有鐵一般的證據，也不會被採納的。所以，清代的學者，儘管熟習《説文》，而在古文字學方面，没有狠大的發展。

乾、嘉、道、咸時的學者，對於《説文》，狠少人敢有誹議，所以在那時候的古文字，只够做《説文》的輔翼罷了。同、光時的學者才知道古文字的真價值是超《説文》的，於是，古文字學就日漸昌大起來了。以前只偶爾舉金文來比較篆文，現在要用金文來補正篆文了。

在這一个趨勢裡，孫詒讓是最能用偏旁分析法的。我們去繙開他的書來看，每一個所釋的字，都是精密地分析過的。像由亩字作，知也是亩字；又知道是嗇字；也都是嗇字異文；從亩從般；字從稟從金；字同牆；字從片從禾下從即亩省，亦即牆字；字從攴爲數字；而啚字作等形，圖字作等形，竝可和嗇鐮等字偏旁互證。可參看孫氏所箸《名原》他的方法，是把已認識的古文字，分析做若干單體，——就是偏旁，再把每一個單體的各種不同的形式集合起來，看牠們的變化；等到遇見大衆所不認識的字，也只要把來分析做若干單體，假使各個單體都認識了，再合起來認識那一個字；這種方法，雖未必便能認識難字，因爲有些字的偏旁，雖是可識，一湊合後却又不可識了。但由此認識的字，大抵揔是顛撲不破的。有些錯誤，是因偏旁分析不精所造成。

孫氏所釋的文字，在我們現代的眼光看來，當然有狠多不滿意的地方，這是不足爲病的。他的最大功績，就是遺給我們這精密的方法。這種方法前人雖偶然用過，但完全用這種方法來研究古文字，却始於孫氏。有了這種方法，我們才能把難認的字，由神話的解釋裡救出來，還歸到文字學裡。

現在，知道這種方法的人是狠多了，然而，在没有這方法的時候，要知道固然狠難，在大家熟知以後，要實行也正匪易。知是一件事，能行又是一件事。僅僅會用這種方法，還是不足道的，能處處應用，永遠應用，才算真能懂得這種方法。

兩周系裡的金文，在古文字裡，算是狠好認識了，但是，即便學者間以爲已認識的字，要是一分析偏旁，往往有許多錯誤。例如我前面所講到的，上半從㿝，可用雋字做証，下半從泉，是很容易認的，而金文學家釋做“熊”。我在十幾年前就發此説，一般学者不謂爲然，直至最近，郭沫若在《卜辭通纂》裡誤用舊釋，經我告诉他後，才引以訂正。字從從一，應當釋做“堯”字□[①]“彖”字，《説文》蠡字古文之偏旁作，即此字。而向來都誤爲從八從豕的“豕”；金文自有豕字，作。而在《盂鼎》的“述”字，又誤釋做“隊”；《逐鼎》的逐字，又同釋做“遂”。字從丮從坐，而釋做“對”。字從弓從丨，應是引字，而釋做“弓”。或，舊逕釋爲躲，亦非。當釋爲矤或弞，後誤爲躲。則矤字，後誤爲射。這種錯誤，在謹嚴的文字學者是不應有的。

在甲骨文字裡，這種錯誤，尤其多了。在這裡，我們不能不歸咎乎闢蠶叢的羅振玉氏，他老先生雖則把許多心得教給我們，但同時却播下了無數的種子——錯誤的種子。他是不很講究分析偏旁的方法的，所以儘管把、、，等字，釋做帚、寑、歸，而把、、、，等字，全釋做“彗”，按當爲𣀔、𦨉、𠬸、帰四字。字釋做“糞”，按當釋𡙈，殆即掃之古文。、，二字，並釋做“牧”，按當釋㩉及㨹，讀爲侵。《菁華》第一葉云：“方出，㩉我示㽝田七十人。”又

① “‘堯’字□”三字係後來補入，其中第三字無法辨認，疑爲“或”。

云："土方正于我東啚，𢦏二邑。𢀛方亦帰我西鄙田。"正讀做征，那末𢍰和帰當讀做侵是無疑的。羅氏誤讀做牧，把卜辭列到芻牧類裡，這段歷史的真相就湮晦了。羅氏後的學者，都以訛傳訛，不想去改正，這真是太可惜了。反而把 耤之本字字釋做"埽"。他會把 𦣞 𦣞 𡿧 㪅 𡿧 等字釋做"謝"，他會把 𥁕字釋做"浴"， 㳘字釋做"洗"。這一類的釋文，幾乎佔他所釋的十分之四五。揔之，他在發現這新的古文字以後，創通條例的心太急了，所以對於較難認識和無可比較的文字，就蹈了宋人釋金文的覆轍，任意推測起來。這個惡例一開，許多妄人就得了捷徑，不用通《説文》，不用識金文，只要獨坐冥思，就可以認識甲骨文字，高談孔子所不知的殷禮了。

古文字的研究，到孫詒讓才納入正軌，他的精於分析偏旁，和科學方法已很接近了。但在甲骨文字的研究盛行後，大都用的是猜謎法，因而，古文字學暫時呈露出退化的現象。

戊　偏旁的分析 下

我在上邊推崇孫詒讓，是推崇他的方法，至於他所釋的字，一一推究起來，却狠多可議。這並不是方法的不好，却是材料不够，並且孫氏有時也不免疏忽。

運用這種方法時，最要緊是把偏旁認清楚。 䊶字從 ，孫氏誤認做舛，這是把筆畫畧近的字混殽了。

偏旁釋定了，不能改讀。 字從爵形的 ，孫氏所釋本不錯，但偏要讀做揺；鏄字從金䯧聲是狠明顯的，但偏要説是從牆省，不從䯧；這都是把文字來徇自己的成見。

古文字變易簡省，大都有史迹可求，不可率肊猜度。[illegible]字孫氏釋做上從𧇶省，下從娶省，又把所從[illegible]形釋爲丮省；[illegible]䍡①字釋做從釁省羿省召聲；雖都竭盡穿鑿的能事，但揔不免迂曲。凡是省簡的字，必有原形，但如孫説，不省時不能成字。

原始古文，本不易推定，孫氏時材料也太少，勉強求之，自多錯誤。把[illegible]釋做弓十二；把[illegible]和[illegible]釋做黼黻；把[illegible]釋做牛，[illegible]釋做獲；這一類在現代學者或者以爲可笑，但處在那個時代，却是無可奈何。

這些缺點，在孫氏方面，我們是要與以原諒的。但在我們自己方面，却應力加檢點。孫氏在文字學和古書都有狠深的根底，詮釋古文字的時候，不免先有些成見，弄成拖泥帶水。我們在研究古文字的時候，得把成見完全掃除，專用客觀的分析。

我們第一得把偏旁認真確了。第二，若干偏旁所組合成的單字，我們得注意牠的史料；假使這字的史料亡缺，就得依同類文字的慣例，和銘詞中的用法等由各方面推測；假如無從推測，只可闕疑。像：雙手捧爵爲勞，雙手捧席爲謝一

---

① 今按：此字原作[illegible]，“廾”上的部件不清晰。此處暫且如此釋寫。

類，偏旁雖近是，所釋字却全無根據，這是應當切戒的。

因爲學者們不去用這種方法，即便偶然用了，也不精密，所以古文字的園地裡，大部分還是荆榛待闢，許多文字，還沒有人認識，有些是被人認錯了。例如：《鼄公華鐘》有“昚爲之”一語，前人誤釋做“聽”，文義不順，我因這字上從月，下從口，決爲“名”銘字；月字本與夕通用，例如一作。郭沫若《金文辭大系》亦釋“名”，與余同。甲骨文的字，前人誤釋做[illegible]迥，我攷爲從宀正聲，即“定”字；近出《古文聲系》已本余説改正，録作定字。這種字一經考定，似狠容易認識，但在未考定前，就是小學專家，也常會終身不悟。

如其僅拿一兩字來説，這種方法應用的範圍，似乎太瑣小狹隘了。這種方法最大的效驗，是我們只要認識一個偏旁，就可以認識狠多的字，現在，我不妨就由我認識的文字，抽出兩個偏旁來做例子。

（一）冎字　在古文字裡從冎的字，以前是不認的，我推出了就是冎，於是下面諸字便可認識。

過　見《過伯毁》。昔人誤釋“记”，或“連”。《金文編》入附録。

䏶　《鱼鼎匕》説：“䏶入䏶出，毋處其所”，舊不識。今按從骨至顯，當即“膭”字。匕銘假爲“滑”字。

敀　《殷契佚存》九五〇片。舊不識。今按當即"散"字。

（二）斤字　從"斤"的偏旁，在周代金文裡作等形，是誰都知道的，但在甲骨裡有狠多的從斤旁字，至今未被人認識。我尋出了這偏旁的寫法，例如：

並"斮"字　見《後編》下二十葉五片，《藏龜》一四二葉四片，《後編》下廿二葉十八片。舊並不識。按《說文》蘄從斮聲，但沒有斮字，大概是遺漏了。

旂　《戩壽堂殷虛文字》四七葉九片。王國維釋"旂"，近是。按此字從㫃斮聲，舊以爲從旂從單，誤。

斱　《前編》四卷八葉六片。舊不識。按卜辭或作，可證即斱字。

斫　《前編》五卷二一葉三片。舊不識。按古石字。

斨　《後編》下二一葉三片。舊不識。此字《說文》沒有，疑是槧的本字。

斤（兵）　《後編》下二九葉六片。舊不識。

按《殷契佚存》七二九片云："貞出兵⿱癶廾。"

⿰阝斤　《前編》四卷四三葉五片。舊不識。按此字《說文》没有，金文折或作，疑此亦斱字。

炘　《佚存》七〇八片。舊不識。此字《說文》遺漏，古書習見，或作焮。

⿰囧斤（昕）　《佚存》八九九片。舊不識。按朙或作明，可證此即昕字。

肵　《殷契卜辭》四一二片。舊不識。此字《說文》没有，疑是肵的本字。《廣雅·釋器》："肵，脂也。"《說文》缺。

並"⿰弓斤"字　見《前編》五卷二四葉五片、六卷三六葉五片，《龜甲獸骨文字》一卷十一葉二片。舊並不識。按此字《說文》没有。疑是⿱折弓的本字。《玉篇》⿱折弓同謦，《說文》闕。

弢　《前編》六卷三六葉三片。舊不識。按詳上。

斧　《前編》二卷四葉三片。舊不識。

並"⿰辛斤"字　《前編》一卷三十葉五片："⿰辛斤⿱宀帚"，七卷十四葉一片："㞢⿰辛斤旅"，《後編》下三葉，十二片："⿰辛斤⿱宀帚"，九葉一片："㞢⿰辛斤大品"。舊並不識。《甲骨文編》把當做"匕辛"合文，大誤。按"⿰辛斤"字《說文》没有，當即

"新"字。

新　《前編》五卷四葉四片，《佚存》五八〇片。舊並不識。

䢒　《藏龜拾遺》十四葉十九片。舊不識。按當即䢒字。

䢒　《佚存》一三三片，二一七片，並云"䢒宗"。舊不識。《説文》闕此字，當是"新"的繁文，從宀新聲，猶"親"或作"寴"。

斮　《前編》一卷四七葉六片。舊不識。今疑即"析"字。

斮　《後編》下二三葉七片。舊不識。按從當是葉字，斮就是析的異文。

斨　《佚存》八五八片。舊不識。按此字不見字書，未詳。

砐　《前編》八卷六葉一片。舊釋爲"石"、"扔"二字，誤。按此蓋斫字異文。

由此，我們可以推出"斤"字在甲骨裡作，或作，《前編》八卷七葉一片的字，也可以釋做"斤"。利用這个方法，我們可以多認二十多個前人未識的字，並且，以後再碰上了從"斤"旁的字，也有了辦法，不致於但説"象矰繳之形"，而束手無術了。

一般學者所謂已認識的甲骨文字，不過一千字左右，而且還有許多錯誤。假使我們有了方法再去整理，至少可以使可識的字增加出一倍來。有些朋友不肯信我的話，以爲是大言欺人。他們用慣了手工製品，意想不到機器的大量生産，無怪要視爲奇蹟。但在新文字學的觀點上，這是毫不足奇的。用舊時的方法去研究，偶然也可發見十個八個字，但大體上是有限制了。所以，我們所認爲最重要的，是研究出更精密的方法，至於能多認識若干字，只不過利用這新方法的結果而已。

己　歷史的考證

往時的文字學者研究古文字的方法，不外乎對照和推斷，假使没有可供對照的材料，和孤文隻字無法推勘的時候，就絲毫没有辦法了。

有些人不甘拘束於没有辦法的境地，就任意去猜測，自然，猜不對是常事；因此，已發見的古文字裡，確然可認識的，只有狠少的一部分，其餘的部分，儘管猜的人狠多，各有各的巧妙的戲法，但終無補於難字的認識。

因此，我在上文提出了“分析法”，這雖是許慎在《説文解字》所常用，但在古文字裡，只有孫詒讓曾充分地應用過。這種方法是必須分析偏旁而不能隨便猜測，所以，如其能把許或孫氏方法的缺點找出，加以修正，如其能精密地應用這種方法，其結果，一定會確實可靠。

這種方法正是救往時的對照和推斷法的窮的，雖則有些文字是找不出對照的材料，而且推測不出牠們的意義來的，因爲本是人名或地名，器物的殘缺不可句讀，和器物的銘過於簡單，或本是隨意塗寫的，種種關係。只要字形清晰，我們依舊可以認識。這種方法是科學的，因爲這是根據全部已經確然認識的文字歸納出來的。往時的學者可以憑他的理想去認識一个字，他所持的理由的奇怪，是别人所想不到的；但在現在，我們舉出這一个方法，和化學方程式一樣，任何人都可以去試驗，只要能精密地試驗，其結果揔會是一致的。

這種方法固然是科學的，但還有兩椿缺點：第一，這種方法狠難應用到原始的單體文字，因爲有些原始文字，和後代文字的連鎖是遺失了的。第二，愈是分析得精密，窒碍愈多，因爲文字不是一個時期發生的，而且不是一成不變的，假使嚴格地認定一个型式，那末在别一个型式下面所組成的字，就無法認識了。

但我們不能因此就斥廢了分析法，我們需要嚴格的分析，不過，同時須注意到文字的歷史。我們所見的古文字材料，有千餘年的歷史，不獨早期的型式和晚期的型式中間的差異是狠大的，就是同一時期的文字，也因發生遲早的不同，而有許多的差異。文字是活的，不斷地在演變着，所以我們要研究文字，務必要研究牠的發生和演變。

這種研究，以前雖間或有過，但都是一二小節，例如在《説文》裡説到的二和一的變化、艸和茻的通用之類，後世學者没有注意到這上面，所以没有什麽進步。

我們精密地分析文字的偏旁，在分析後還不能認識或者有疑問的時候，就得去追求牠的歷史；在這裡，我們須切戒杜撰，我們得搜集材料，找求證據，歸納出許多公例。

這種研究的方法，我稱牠做“歷史的考證”。偏旁分析法研究横的部分，歷史考證法研究縱的部分，這兩種方法是古文字研究裡的最重要部分，而歷史考證法尤其重要。向來文字學者，對於偏旁分析，已經不狠注意，即偶爾注意到，也不能精密，至於歷史的演變，更是茫無所知。所以，古文字的研究，雖已有了狠長的時期，其成績却是太微小了，甚至於我們不能把牠當做一種科學。

筆者最初研究文字學的時候，專想替《説文》做注，受了吳大澂、孫詒讓二人箸作的影響，才研究金文，其後又受了羅振玉、王國維的影響，才研究甲骨文。那時，我已經注重偏旁的分析，對各家的錯誤，常有檢討，對於羅氏所用的方法，尤感不滿。

但是，困難就由此出來了。前人釋錯的字，可以用分析偏旁的方法來校正，但有些字不能説是釋錯的，而分析出來的結果，却完全不同，例如：字舊釋“䠶”，由金文的“射”作，“㔸”作看來，似乎不會有問題，但就偏旁分析起來，字從矢從引，應當是“矤”字；又像：字就偏旁分析起來，應當是從每從㐬的“毓”字，但在卜辭裡却一定得讀做“后”字；這種歧異，在一般人是不會注意的，在我，却成了重大的矛盾，死守定方法，便和事實相背，不然，就要説方法不對。

近幾年來才明白研究文字，還要用考證歷史的方法，這種矛盾也就消失了。字應識做“矧”，本是張弓發矢的意義，後來假借做“況也”的意義，而發矢一義的“矧”，却誤成“䠶”，因此分歧做二字，“矧”或“矤”字保留原來的字形，而“䠶”或“射”字保留原來的意義。至“鯍”字本作，或作，後來形被誤識爲“居”字（“居”字本當作），因改寫作（見《姑虔句鑃》），又誤作，遂和字的反文作相混。漸漸發見了許多規律，由此，好些以前不能識或不敢識的文字也都認識了。

文字的型式，有時是長時期固定的，有一時是不斷地在流動的，偏旁分析利於研究固定的型式，而流動型式，非考證歷史不可。我們要把古文字學建設爲一種科學，這兩種方法是不能缺一的。以爲古文字不拘型式而忽略分析方法，固然要完全失敗，拘定了某一固定型式而不去考證牠的歷史，也一定不會有所建樹。

歷史考證法是狠複襍而繁難的，每一個字有牠自己的歷史，每一小組文字，或相近的文字，在演變時有共同的規律。這種歷史和規律，我現在雖還沒有完全找出，但已够形成一個系統。不過在這裡只能分配幾个例子於下述各節，其詳還請俟諸異日。

(子) 圖形文字的研究

在這書裡，已屢次説過，“文字的起源是圖畫”，所以較古的文字，往往是一種圖形。在學者間常有一種成見，以爲圖形不是文字，這是錯誤的，因爲假如文字不是從圖畫裡直接演變出來，那就得在這兩者間有一道明顯的溝畛，而事實上是絶對找不出來。

把或字認爲文字，而把或字認爲圖繪，不是文字，這種見解是矛盾得可憐。和，都公認是文字，和，爲什麽又不算文字呢？既把咸字列入文字，那末，或戈字應屏絶嗎？狽字，見《集古遺文》四卷三十六葉《乍狽寶彝》和，和，象龟在泉上，即龔字。難道不是一脉相承，可以説此是文字而彼非嗎？

或人説圖形是族徽，或人説圖形是飾紋，所以不是文字。在銅器裡許多圖形，確都是氏族的名稱，但我們不能因此就説這不是文字；因爲我們知道許多銅器銘文的最末，贅有氏族名稱，例如“亞井”之類，爲何到了同樣在銘末的大黽，見《玔鼎》等之類，就不是文字呢？至於圖形文字和飾紋的相類，乃是當然的事情，因爲牠們同是發源於繪畫，那能不相類呢？然而不但夾雜在銘文中或刊在銘文地位的圖形，我們决不能認爲飾文；就是夾在飾文裡面，像《父戊𣈶盤》的三字（圖十五），《亞兆盤》的兩字（圖十六），雖被蟠繞在蛇形圖紋中，和《黽盤》（圖十七）相近，但確是文字而非飾紋，和《乍弄鳥壺》銘文夾在飾紋裡是一樣的。（圖十八）

學者間所以有圖形不是文字的觀念，實是對銅器銘文没有深切研究的原故。他們看慣了簡化了的象形或象意字，對於較近原始的象形或象意字，用啚形來表達的，茫無所措，就只好以爲不是文字了。其實在殷虛卜辭裡的圖形文字，並不比銅器少，如雚字作，觀字作，下象鳳之翎。隹字的作或作，雧的作，的作，鹿的作，馬的作，夒的作，耤的作之類，雖比銅器筆畫畧簡，大體説來，却比銅器裡來得更原始而近于圖繪，但是學者間没有敢説卜辭裡有非文字的存在，何以到銅器裡却鑽出來這樣多的非文字的圖繪呢？銅器裡有時以龜黽或鳥獸的圖做飾紋但必特大，且不多見。這種觀念，顯然是錯誤的。

我以爲銅器裡的氏族名稱，往往是圖形文字，和其他銘文不同，這是因當時人對氏族名稱，尚視爲神聖，所以普通文字，雖隨時代演進，獨對於這一部分，揔保留住最古的型式。至於把文字和花紋相雜，只不過藝術上的一派作風而已。

但我們現在所能搜集到的圖形文字，只是狠少的一部分，這一部分裡，又大都是原始型的殘留，和純粹殷商系或兩周系的文字相隔狠遠，中間的連鎖，狠多已經湮滅，所以驟然看來，以爲不是文字，——其實則是學者們不認識牠們是文字。

所以，認識是唯一要件，我們將如何去認識這些近原始的圖形文字呢？下面有五種方法，是我所經驗過的。

（一）由實物比較而得的，如：龜、黽、魚、鳥、馬、豖一類的象形，是一望可知的。這種認識雖是狠簡單而容易，但只能限於普通習見的象形文字，而且我們須注意兩點：（1）酷肖的圖形，(2) 下沿的歷史。假如隨便比附，就可以説[glyph]是麘形，[glyph]是蟬形，這種認識，實是太危險了。

（二）由已簡化的文字比較而得的，像：[glyph]的即[glyph]，[glyph]的即[glyph]，[glyph]的即[glyph]和[glyph]，[glyph]的即[glyph]，[glyph]的即[glyph]，[glyph]的即[glyph]，[glyph]的即[glyph]，奚字所從。[glyph]的即[glyph]和[glyph]，由[glyph]變[glyph]，或變爲[glyph]，又變[glyph]。[glyph]的即[glyph]，[glyph]的即[glyph]和[glyph]之類。[glyph]或作[glyph]，變作[glyph]，省作[glyph]，又變[glyph]。

（三）和異族圖形文字的比較，這是一樁狠少把握的事情，因爲各種原始文字，大都是獨立發生的，所描寫的對象，雖間或相同，而聲讀義訓，往往迥異，硬把來附會，也是極危險的。但由比較中有時能找出一个圖形的意義的輪廓，例如埃及文的[glyph]，象有環的大杯形，和《[glyph]毁》的[glyph]字相近，這一類或許不是無益的。

（四）由分析偏旁而得的，因爲我們所見到的圖形文字，離原始時期已狠遠，除了寫法稍異外，其結構和商周時普通型式的文字，大抵相近，所以利用偏旁分析法，依然可以得到狠多的收穫。例如：

> [glyph]《夢郼草堂吉金圖續編·亞獏父丁鼎》
>
> 舊不識，或以爲莫犬二字，今按是"獏"字。
>
> [glyph]《貞松堂集古遺文》一卷廿三《亞䀜鐃》

舊不識，或誤爲恒字，今按從日、工、虫，是“⿰日虹”字。又見《愙齋集古録》廿·十八《亞⿰日虹父乙觶》，作，同。

《殷文存》下廿二《亞⿸㫃虹父丁角》

舊不識，今按從㫃，從虹，是“⿸㫃虹”字。又見《殷文存》上四十《剌卣》，作，並同。

《殷文存》上二《亞厷鼎》

舊不識，今按從，從，是“厷”字。又《亞厷父乙彝》同。

《殷文存》上三九《矢白隻卣》

從隹，從又，是“隻”字，即古“獲”字。又見《殷文存》下十六《隻父癸爵》，作，同。

《殷文存》下十七《雔父癸爵》

舊不識，或以爲雙爵形，今按從兩隹相對，是“雔”字。又見《愙齋集古録》廿·二《雔父辛觶》，作，同。

《匋齋吉金録》續編下五《維婦壺》

舊不識，或以爲玄鳥二字，或以爲⿰玄鳥字，今按從幺從隹，是“維”字。

《殷文存》下廿六葉《天子咠觚》

舊不識，今按從口，從耳，是“咠”字。又見《愙齋集古録》七·五《大保毁》，作[glyph]，同。

[glyph]《殷文存》下廿四《徏觚》

舊不識，今按從彳，從步，是“徏”字。又見上·廿一《徏尊》，作[glyph]，《敬吾心室款識》下五八《徏觶》作[glyph]、[glyph]，同。

[glyph]《敬吾心室款識》下六六《婦聿卣》

舊不識，或誤合聿爲建字，今按從[glyph]，從止，是“延”字。蓋作[glyph]，微誤。

和前已説過的“狽”、“㨫”、“覃”等字，現在不能遍舉。學者在這上面肯稍稍留意，圖繪不是文字一説，立時就會粉碎，而我們的字彙，就可多出好些較原始的文字來了。

（五）歷史的追溯。有些文字，既無可比較，又不能分析，或即使分析了，還是不能清楚，就要依賴這種方法了。方濬益把[glyph]字釋做斝，象形，引段氏注《説文》“斝从斗而門象形”爲證。《綴遺齋彝器攷釋》廿三卷八葉。其後，羅振玉説，亦與闇合。從斝字推溯門的象形，知道本當作[glyph]，這就是一个例子。

《亞古父己盉》的[glyph]字，《殷文存》下卅二葉，器蓋銘同。就是卜辭裡習見的[glyph]字，——高宗時一个卜人的名字，前人都不能識，我以爲是“古”字的原始型式。《盂鼎》古字作，字形還相近，其證一。即字，側書作毌。所以《婦闒鼎》《殷文存》上七，《甗》同十，《卣》同四—裡的“文姑”都寫做，《庚嬴卣》也説“文姑”，寫做，可證。其證二。我們由此可知“古”字本是從口毌聲了。凡從盛物之字，率爲形，其例詳見上編。

《亞𪓰爵》的字《綴遺齋彝器攷釋》十九·卅，又一器作《攈古録金》一·二·十五，昔人錯釋做犧形，這字在卜辭裡也常見，作、、、、、、、、、、、、、、、、、等形，就是葉玉森所派做“夏”字、而以爲象“蟬形”的。我們不知道字怎麽會和蟬形相象，蟬形見《丙申角》作，董作賓《卜辭中所見的殷曆》引白陶片花紋作，銅器的蟬紋，作等形，其異點本極顯箸。而“夏”字又何以要作蟬形。但在這裡，我們且先舍去這種夢囈，而看下列的比較，所舉的字，俱出卜辭。

（黽）

（𪓰）

我以爲字和黽形彷佛，只有頭部不同，是毫無疑問的，所以就釋做“𪓰”字。“𪓰”字《説文》裡没有，所以没有人認識，我以爲這是許叔重遺失了的一個字，因爲牠和“龜”字太像了。《萬象名義》廿五龜部有“䶰”字，按出《玉篇》，今本《玉篇》脱。“奇樛反，虬也，龍無角也”，此出《廣雅》，今《廣雅》譌作龞。證一。《原本玉篇》九龠部有“龝”字本誤作龥，今依《萬象名義》正“思條反，《蒼頡篇》：‘龝韶九成也’，……字書或簫字也。……”可見小篆本有從“䶰”聲的字，但今本《玉篇》則譌作“龝”，從龜，證二。卜辭又有字《後編》下卅三·一，或作《佚存》七八〇，昔人也不能識，我以爲當是從火䶰聲的“㷰”字，而《説文》譌做“㸒”，從龜，證三。卜辭常説“今䶰”，《前編》二·五·三：“今䶰其𩫖。”《後編》下十二·十四：“貞由今䶰。”同四二·三：“貞今䶰我入商。”《龜甲獸骨文字》二·二六·十三：“今䶰其㞢降𢾅。”或作“今㷰”，《後編》下三三·一：“今㷰王其从。”又説：“來䶰。”《佚存》九九一①我以爲“䶰”和“㷰”都應讀爲《説文》的“穮”字，即後世的“秋”字。卜辭有春、秋，無冬夏，余别有《卜辭中的春秋》一文詳之。漢《燕然銘》秋字作《隸韻》四·廿五，《楊箸碑》：“畏如秋旻”，秋作，可見漢隸還從“㷰”，《萬象名義》也作穮，不誤，而《説文》却誤做“㸒”了，證四。由此，我們可以追究出字當釋“䶰”，不過牠的意義還難明瞭，讀

① “《佚存》九九一”原補寫在“來䶰”右邊。按體例，應爲雙行小字注文。“”字疑爲“片”，但不能確識。

"虬"，讀"秋"，同是叚借，由字形推測，似乎是龜屬而有兩角吧。

我狠慚愧，不能扼要説明，只兩个例子，已占了狠多篇幅，不能多舉別的了。我所經驗到的，這種追溯的工作是特別複雜而且繁難，初學者如其經驗不多，讀書未富，不妨且慢着手。但是有了把握以後，眼光得特別放得遠大些。

因爲原始的圖形文字，後來常變成形聲字，所以我釋[古文字]爲"麋"，[古文字]爲"麇"見《史學年報·獲白兕攷》，這在現在差不多成爲定論了。原始圖形，後來常有因不便書寫而改易過的，例如：[古文字]即[古文字]戉字，由[古文字]變[古文字]，再變[古文字]。本象人荷戈形。[古文字]即疋字。由[古文字]變[古文字]，又變[古文字]。本象全足形，卜辭作[古文字]同。按[古文字]變[古文字]與此同例。原始圖形文字，也有本狠繁複，後來只存一部分的，例如：[古文字]省作幸，《説文》作[古文字]。按本當作[古文字]。[古文字]省做[古文字]。即"貫"字，見《南宮中鼎》。這種説法，膠柱鼓瑟的人難免持懷疑態度，但研究原始圖形，不懂得這種演變，最後的難關是没法打破的。

(丑) 字形演變的規律

文字的形體和牠的聲音一樣，時刻不停地在流動、變化，要是單拘定了固定的型式，就没有法子研究古文字。但所謂流動和變化，是有限制的，每一個變化都有原因，而在同一原由下面，許多文字必定作同一的變化。這種變化的規律，是古文字研究中最重要的對象。有些人開口就説"古文字變化無方"，而不去研究變化的規律，這是不科學的。

文字有古今的不同，以前的學者也曾注意到，例如《說文》“帝”下說：“古文諸二字皆從一，篆文皆從二。”但這種例不狠多。《說文》裡的古籀和或體，往往本不是同字，只因古時偶然的假用，就誤併了。例如“旁”下有籀文“雱”。而且許氏對這些重文，大都不去解釋。因此使後來學者得了一種壞習慣，任意把不同型式的字，併做一字，而在文字的演變方面，却不加注意。

文字的演變，有兩个途徑，一是輕微地漸進地在那裡變異，一是鉅大的突然的變化。

前一種變異裡，有自然的變異和人爲的變異。自然的變異，都是極輕微的，不知不覺的，例如：[illegible]變作[illegible]，[illegible]變作[illegible]，[illegible]變作[illegible]，[illegible]變作[illegible]，[illegible]變作[illegible]，[illegible]變作[illegible]之類，但到時代距離較久以後，也會變成狠大的歧異，其原來的型式，反狠難認識了。例如[illegible]字變做[illegible]，又變做[illegible]，又變做[illegible]，一般人看慣了[illegible]字，就不認識[illegible]字了。關于[illegible]字的考證，已見廿一葉。

人爲的變異不僅是筆畫上的小小同異，由於各種理由而發生的變化，是異常複襍的，不過，假如歸納起來，實在不外删簡改易和增繁的兩種趨勢。在幾千年來文字演變的過程裡，這兩種性質相反的工作，永遠是並行不悖的。

由古文字到近代文字的簡易工作，大概說來，有三種：

（一）原始文字，近于圖畫，寫的時候，太費事了。因是，有兩種簡化的方法：(1) 把筆畫太肥不便刀筆的地方，用雙鉤或較瘦的筆畫表現出來，這種結果，使文字的每一筆畫，沒有肥細的歧異，和幾何裡的線一樣。例如：《大豖匕辛毁》省做《大豖父乙觚》，或省做。字《亞𠬝尊》省做《亞𠬝觚》，和《亞𠬝斝》，或省做《作父乙爵》。省做，或省做。省做，或省做。省做。省做，或省做，又變做，又變做。省做，或省做，或省做。例如即𣕘字。這一類是不可枚舉的。(2) 凡筆畫多而複褓的字，常趨向到簡易的方面。例如：《殷文存》下十六《隹父癸爵》省做，變做，更省就做，或。省做，又省做，又省做。此見《集古遺文》十一·十五《分㱿小器》，可爲余說即冡字之證。凡是研究這一類的變異，我們當抓住每字的特點，不可沾沾於筆畫的多寡。像省做，是不能拘定筆畫的。

（二）原始文字本是各種整個的圖形，後世文字因爲聯綴成篇章的緣故，有了整齊畫一的趨勢。例如：馬、象、鹿、龟等象形字，本是一樣的，鹿、龟所佔地位較小，得保留原狀作、，而馬、象却得横寫作和，以適應同一行中的别的文字。

到了形聲文字發展以後，許多文字都是由上下或左右兩部分組合的，由此，許多圖形文字，因爲不能諧適而發生變異，例如：[古文字]字變做[古文字]企，[古文字]字變做[古文字]艮，[古文字]字省做[古文字]執，[古文字]字變做[古文字]偁之類，都是由整個圖形分析成兩半的。由此我們可以推知[古文字]當即保或俘字，象人負子，孳乳爲緥。[古文字]當即[古文字]字，後變爲[古文字]，或爲[古文字]，乃聞之本字。此種變異，在探索圖形文字時，最宜注意。

（三）太繁的文字，往往省去一部分。例如：[古文字]字省作[古文字]，𩫖爲墉的本字。[古文字]字省作[古文字]，[古文字]字省作[古文字]之類，又凡獸類的字，常只作首形，例如：[古文字][古文字][古文字][古文字][古文字]等字，都把下半字省去了。

古文字寫的時候，常有從簡省的，例如：各字或作[古文字]，嬰字或作[古文字]，楚字或作[古文字]《楚王酓肯鉈鼎》，這一類都是偶然的。不過，有時也會變成定型。《説文》裡常講到省形或省聲，但往往是錯誤的，因爲凡可以稱“省”，一定原來有不省的字，而《説文》裡所説，大都不合這个原則。例如説“𡚬”是從䖒好省聲，倘不省，便不成字。

文字的增繁，也可分爲三種：

（一）文字的結構，趨向到整齊的方面，因是在許多地方添一些筆畫，使疎密匀稱，大約有五類：

（1）凡垂直的長畫，中間常加•，•又引爲—，間或爲∨，例如：

凡等均同。

字同。

或變爲，又由而變。

金文二字，舊不識，由此可知乃莩䛶二字。

(2) 凡字首是横畫，常加一畫，例如：

兀元本同字，所以虺就是蚖，髡就是髡。《説文》分二字誤。元本作，元首也。

其餘像辛、示、帝等均已見《説文》。

（3）凡字首爲横畫者，常加八，例如：

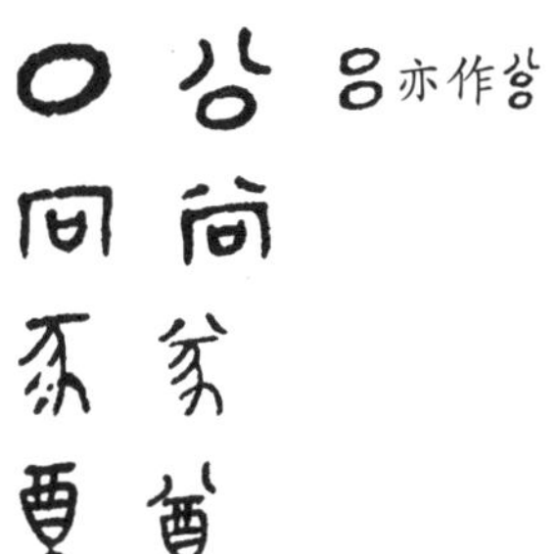

像艸字的變艸，是例外。又此類從八，和屰字不同。

（4）凡字末常加一，一下又加--或丌，例如：

此類字有時可易丌爲艸，如其、奠、典，是。

（5）凡中有空隙的字，常填以·，例如：

月夕本一字，後歧爲二。
晶即曐字。
西鹵本一字，《説文》歧爲二。

又的變成，柱下兩點和流内一點，都是後填上去的。字由字而誤增。龜形作，中填四點，黽形亦同。

這種變異，在古文字裡的例子狠多，不是上述五類所能包括盡的，像：、、、，等字，都在上加作或作，像：字變做之類，即使偶然的變異，我們也應注意到。

（二）因爲形聲字的盛行，在較古文字上面增加偏旁，例如字增作蜀，後來更增做蠋，韋字增做圍，字增做奉之類。

（三）因爲文字的書法，成爲藝術，常增加筆畫或偏旁，例如：汙寫作，加以小點；子寫作《王子造匜》，增以旁；更進加以鳥形的偏旁，就成鳥篆了。

漸變的文字，雖有古今的不同，但文字的本質還没有變掉，牠們的歷史是能聯貫起來的。

突然變化的文字就不同了，牠們的原始型式湮滅，繼之而起的，是另外一種型式。

這種劇烈變化的理由，有些是我們想不到的，正像近世文字裡“戴”字變做“”一樣。尤其是我們根據文字的型式而逆溯的方法，到這裡就失了效用了。

這種變化的過程，我已考出來的有三種：

（一）凡較冷僻或罕用的字，常被改爲别一相似的字，例如前所説的蠅字，被改爲鼅；鼉字作，本是象形，而改爲從黽。由此推測，可見“蟬”本象蟬形詳前，而改爲“單”，“蠅”本象蠅形而改從“黽”。黽作等形，與蠅形近。許多圖形字的湮滅，大抵因此。凡獸形常改從犬，凡鳥形常改從隹或鳥。

（二）本是圖形文字，因受形聲文字的影響而注音，後來把原來圖形省畧而成形聲字，例如：字加注凡聲，後世作鳳，只是從鳥凡聲；字加注昔聲，後世改做耤，只是從耒昔聲。

（三）本是用圖形表達的象意文字，改爲用音符的形聲文字，例如改做從貝毌聲的貫；改做從网矛聲的罞。

這裡所舉的變化，都是型式方面的，還有狠多變化，屬於字音部分，不在此篇討論之内。

（寅）字形通轉的規律

凡是研究語言音韻的人，都知道字音是有通轉的，但字形也有通轉，這是以前學者所不知道的。

通轉和演變是不同的。演變是由時代不同而變化，雖説在周初還保存一部分圖形文字，商時甲骨，和，和，同被應用，但圖形文字終於消滅了，和也終於遺忘了，兩个時代的文字，有好些地方是截然不同的。至於通轉，却不是時間的關係，在文字的型式没有十分固定以前，同時的文字，會有好多樣寫法，既非特别摹古，也不是有意創造新體，只是有許多通用的寫法，是當時人所公認的。

通轉的規律，大約可分下列三類：

（一）有些型式，在後世看來是狠有分别的，但在發生的歷史裡，原是從一個系統裡演變出來的，所以可以通用，也可以隨便寫。例如：字有時寫作、、等形，字有時寫作、、等形，古文字裡像這一類的别體是狠多的，有時在同一銘文裡，同一的字會寫做兩樣。例如：《汧陽刻石》裡的兩個“西”字一作，一作。

字本象人正立形，有時畫做，金文字或作。也作。卜辭“天邑商”即“大邑商”。後來把和，别讀做“天”字，“天”是人首的意義。字或作，後來把讀做“兀”變做“元”，也當人首的意義，和此同例。後來又把“天”字引申做蒼蒼的天，因把別讀做“昊”，亦大的異形。或，金文大或變作，即此。別讀做“旻”，來做昊天和旻天的意義。“昊”字異構最多，作，見《昊生鐘》，又見《召白虎毁》㚖字偏旁。或變，見《㠯昊父毁》及《汧陽刻石》，又見《帥鼎》㚖字的偏旁。或變，見《鄧伯氏鼎》。或誤爲，見《㡌白多父盤》㚖字偏旁。大、矢古多混亂。或變，見《説文》。按《説文》從夰的偏旁，並由大誤。這就是現存的“昦”昊字。字變作，《𤇾白鬲》㸑字偏旁。按金文並字或作，知本大的異形。或變，和，此兩體未見。或誤爲，見《單白昊生鐘》，和上作的昊生是一人。又爲，見《毛公厝鼎》：“肆皇天亾昊”，讀若斁。、或變，見《改毁》①。凡形得變爲目，卜辭睘字作。也變，這是《説文》㸑字所從的。《説文》失“哭”字，所以説“從三大三目”。其實“哭”是“大”字演變來的，三哭爲㸑，猶三大。二人爲从，三人爲㐺，二大爲㚘（竝），可見應有三大。字變作，此體未見。按或，此亦大的異形。又作，或變，《殷契佚存》五八一片。或誤爲見《無臭鼎》，或變，《説文》：“大白，澤也。從大，從白，古文以爲澤字。”按《説文》“臭”本音“古

① 今按：此器見《集成》4269。

老切”，可知即“昊”的異文。這是“臭”字。字變作，字也變作，金文凡從頁的字，或從見和皃。或變，見《説文》。按“讀若傲”。《説文》引《書》：“若丹朱奡”，今作敖。楚人稱君爲“敖”，當即“兩昊”的遺風。“奡”當即“昊”字的異文。這是“奡”字。奡字《説文》訓“嫚也”，非是。當是人首的意義。字變作，和大字變作同。字變作、，又變作，和字變作、，又變作，也同。元和天同義，可見奡也訓人首，和頁字義同。在後世雖要分做界、哭、臭、奡四形，但在古時却只是一个昊字，有狠多通行的寫法。我們可以知道許多型式是能通轉的，只要能知道發生的歷史。

（二）凡同部即由一個象形文字裡孳乳出來的。的文字，在偏旁裡可以通用，——只要在不失本字特點的時候。例如：大、人、女，全象人形，所以在較早圖形文字，常可通用，像：

雖在後世文字裡，竞即竟字，竟字今佚。和妾不同，美和羌、姜異讀，奚字的别體，變成了係和媄，但牠們原來的關係，狠明白地已自己呈露出來。

從人形的字，常有通轉，例如：字作，首和欠字一樣；字作，有手和一樣；作，亦增手形。字作，字作，字作，字作，下半和字一樣；字增，像尾字一樣；或作，增足和企字一樣；欠、丮、卩、尾、企等字，本是有區別的，在偏旁裡却常可通用。

從水形的字，常可以不拘於、、、、等形式的；從手形的字，常可以不拘於、、、、等形式的；形和通，形和通，形和通，這種例一時是舉不完的。

我再舉兩個有趣的例子：

凡是形常作，變作，這是象足形的，所以從和從是通用的。凡是人形常作或，象他站在地上，所以和，和通用，而和也通用。例如：

下二字並“壬”字，由變。《說文》所釋並誤。

由此亦可知“羌”爲人形。

“䄸”字。

“㚇”或作“垩”，《說文》

以爲“朢”的古文，“朢”字從月、從臣、從王，並誤。“⿱臣人”本“見”的孳乳字，“朢”當從“月”從“⿱臣人”。“⿱臣𡈼”字例同，今畧。

此見《後編》下·七·十三，舊不識，今按當是“⿱耳人”字。即“⿰耳𡈼”字。

此第一字見《龜甲獸骨文字》二·二五·一四，舊不識，今按乃“⿰口⿱耳人”字，即“聖”字。《説文》以爲“從耳呈聲”誤。當從“口”“⿱耳人”。

“⿰禾兄”字見《前編》二·三二·三，又五，舊不識，今按當即“程”字。《説文》以“呈”從王聲，誤。之爲，猶、、之爲、、。

卜辭“夶”字舊不識，今按即“⿱夶一”字。

卜辭“⿰大犬”字極多，舊不識，今按即“⿰立犬”字，“⿰立犬”字《説文》缺，《三體石經》爲“戾”字古文。

象艸形的字，有時也可用這個例子，像：即，後變爲。即。後變爲。

凡形可加足形而作，所以從和從通用。後來變，所以《説文》把許多人形的字，截歸部，這是錯誤的。例如：

分別説下是“企”字，在偏旁裡通用，例如作。

䕫即樊字。

致即到（侄）字，《説文》誤爲到，從刀，又別出致字從夂。

允即夋字，故畯字金文作畯。玁狁之狁，金文作夋，夋即夋譌。

頁即夏字，金文項字作可證。《秦公毀》“夏”字作，小篆作，蓋從從夏。小篆憂字作，當爲從心從夏，舊説並誤。

旡即㤅字。小篆愛字作，當從心從㤅，舊説誤。《説文》：“旡，飲食气逆不得息”，

《詩·桑柔》："如彼遡風，亦孔之僾"，旡僾義相近。

欠即夋字。《説文》："夋行夋夋也，從夊闕。"按金文爵形作，昏字作，上形，《説文》並變作，則即字無疑。《玉篇》夎同夋，夎似即下𡕍字。

丮即𡕍字。金文埶、䣻、𡚸、朞、𢤶、䚴，等字，並或從𡕍可證。𡕍或誤作夎。又或作，似即上《説文》所從出。

鬼即畟字，《説文》稷或作䄠可證。《説文》歧鬼畟爲二，釋畟爲從田人夊，並誤。

兇即㚇字。

熲即爕字。

夔字當可通作。

即字。

支即夌字。由文孳乳，和形不同，但也是象人形的字，和大或作同。《説文》以爲從夊從兲誤。

可見凡人形下的足形是不得分裂的。《說文》㚇字，疑也是人形，但有譌誤。

（三）凡義相近的字，在偏旁裡可以通轉，像：巾和“衣”通，所以“常”、“帬”、“幝”、“帙”等字，可以作“裳”、“裙”、“襌”、“袟”；土和𨸏通，所以“垝”、“垔”、“墫”、“壃”，可以作“陒”、“陑”、“隯”、“𨻻”。𨻻字見《余卂鉦》。

(卯) 字形的混殽和錯誤

因爲文字趨于簡單，簡單的形體有限，所以常有殽混。文字的演變，又常會造成錯誤。有些殽混是由錯誤而來的，而殽混的結果，也會變爲錯誤，這兩者狠難分別。

古文字裡的錯誤，前人狠少注意到，羅振玉在《同毁》跋裡說：

> 金文中別字極多，與後世碑版同，不可盡據爲典要。即以此器言之，對字作，譌別已甚。又《王子申盞》之盂字作，《□叔買毁》毁字作，且字作，黄字作，《量矦毁》之毁作，寶作，《無㠱毁》之天作，《内白多父毁》之父作，往往隨意變化增省，類此甚多，亦研究古文所宜知也。《集古遺文》六卷八葉

這個問題的提出，是狠有價值的。不過羅氏研究文字的方法

本不精密，所以他所提出的幾個字，有些是不能算做譌别的，例如：“寶”字增，和“福”字作“富”一樣，這種加繁的形聲字，是極普通的。又如“對”字的作，正可以證明從“辛”和從“丵”的字是可以通用的，因爲本都由形變來。所以字可以變做，今鳳字。或字可以變做，見《魯大宰邍父毁》等，《金文編》把字釋爲僕，甚誤。這一類决不能認爲譌别。

因爲羅氏没有詳細考證每字的歷史，所以他的結論是：“往往隨意變化增省”，而不注意分析偏旁的方法，這是他在文字學上失敗的最大原因。照我們看來，文字的型式，雖是流動，但不是“隨意”兩字所能包括，只要精細地研究，每個字的變化增省，都在歷史的範圍裡，揔可以找出牠的原由，即使是錯誤，也一定是有原由的。

文字的淆混和錯誤，是一部分文字在演變過程裡的或然的結果，在文字的本身上，本只有演變。只有我們去認識、解釋，或應用牠的時候，才覺得混殽和錯誤，而這混殽、錯誤的由來，仍逃不出演變和通轉的規律。

因爲古文字多混殽，所以有些文字常被誤解，有些是後來人不敢認識的。或者是誤認。例如：𠙵凵是容易殽亂的，𠙵象人口，問、启、名、鳴，等字所從都是。凵是象凵盧，在古文字多作𠙵，和人口無别，𣍘、魯、古、喜、合，等字所從都是。《説文》把古、喜、合，當做從人口的口，𣍘字變做曹，所從曰字，也從口，魯字變作魯，從白，都錯了。凡從曰從甘的字，大都從凵盧形的口變來，《說文》從人口，誤。

字往往和字混殽，所以字會誤成𢀛，旲字會誤成昦。字往往和刀字混殽，所以侄字會誤成到，寘字會誤成寡，釁字會誤成釁。卜辭字，前人不識，羅釋湶，誤。由此例推，當是《說文》貧字重文的穷字。

古文字裡的山字作，或作，火字作，本已相近，字後變做，字後變做和，愈易殽亂。所以光字本作，或體作，從丘，可證，《集古遺文》所録䖒氏製器甚多，䖒字或從、、，或從。卜辭習見字，或作，舊不識，由此知亦光字。却變成從火的尖；而羔字本作，象炮羊火上，變成形，就誤爲岳字了。卜辭裡所祀的"羔"，即後世的"岳"。

卜辭裡的"足"字和"正"字同作，所以昔人不知有足字，近時郭沫若才區别了出來。字本象簟形，變做了，《毛公鼎》弼字作，《者沪鐘》作，可證。和因字作相亂，我們由此可知《詩·小戎》："文茵暢轂"的"茵"字，其實當做字，當於《說文》的"茵"字，即西字，羅釋席字，誤。後來誤西爲因，就讀爲因聲，添出了"車重席也"的"茵"字了。

文字的錯誤，有些只是字形的一部分，有些是整個文字傳譌了。前者例如：從的字易誤爲，字亦或誤。從手形的字易誤爲，例如：夒、夔、等字。從的字易誤作，凡嫛妟等字，均由攵誤。從貝的字和從鼎的字容易互誤，從大的字和從人的字，容易互誤，例如變爲，變爲，、變爲、，變爲之類。雖多淆亂，還可找到同例。後者往往是特殊的例子，例如組的譌做家，貴的譌做賓，其實也不狠多。

混殽和錯誤是例外的，但我們不能因例外而忽置，不然，在研究的進行裡將時時會感到窒礙的。

（辰）文字的改革和淘汰

文字最先是描寫自然的圖畫，進一步要寫出人類意識裡的東西，就起了一種改革了，字不代表人形而另外代表一個頂上的意義，這就不是簡單的圖畫了。人形作變成兀字，即元字。作變成允字，由變。作變成皃字，由變又變。作變成欠字，又或變成見字，由變，又變，又變爲。作變成頁字，由變，又變。這些字大家公認了，通行了，本來由人首變來的意義，漸有忘却了，後來的人們以爲或字的上面是象口形，字是象目形，於是又造出、、和、、等字來了。

繼特徵的描寫而起的改革，是圖形的簡化和聲化，結果有形聲字的產生，而難寫難識的字，狠多滅亡。

商、周之際，形聲字已極發達，卜辭和金文所見，只有一部分，其全部的數目，決不比後世所存的形聲字少。像從王的專字，玟、珷、禮等，用途本不狠廣泛；像：鑑、䰛、鑾、鐊、瀟等字，偏旁日趨重複，都可以看見那時人過於利用這種新方法了。《史籀篇》是這一個風氣下較遲的作品，太史籀這个人，王静安以爲烏有，但十五篇，向、歆時尚全，似不應誤舉篇名做人名。按《漢書·人表》四等内有史留，次豫讓上，或就是作此篇的史籀。所以“籀文好重疊”。

另外一方面，文字漸漸趨向到整齊和簡省。形聲文字的型式，是容易整齊的，形聲前的文字，除了簡化和聲化外，又創出一種方法，就是“反文”，《春秋傳》說：“反正爲乏”，其實正字本作，或作，原象兩足征行方邑的意義，省做一足，作，作，是不拘的，變成了，和也應一樣，何以又是“乏”字呢？我以爲“乏”字本不這樣寫，凡是這一類，全是經過改革的。卜辭習見字，《藏龜》六十·一，《前編》五·五·七，《戩壽堂殷虚文字》四五·八等。或作，《前編》五·四六·四。前人不識，我以爲從止從，即毌字，象盾形；而“乏”字本義是“持獲者所蔽”的革盾，見《儀禮》和《周官》可見就是乏，“正”字作，“乏”字作，形體相近，後人就改做“反正爲乏”了。反人爲匕，反矢爲夭之類，都是一個情形。匕本作，和（人）不同。夭本作，和（矢）不同。這一類的改革，雖脱胎於反左爲右，反止爲，在古文字裡只有左右確是有別，因爲人的左右手是有別的。但也只是分象兩手，並不是反左爲右，而且只限於單字，在偏旁裡，ナ又還是通用。可是把好些古字的獨立型式給毀壞了。

春秋以後，是文字的大混亂時期。不但各國文字，都自成風氣，就在一國裡面，有時極意摹古，像《楚王畬忎鼎》的“獲”字還作“隻”。有時却簡俗譌別，至不可識。《説文》裡，《三體石經》裡，所録的孔壁古文，就是這個時期裡，齊、魯閒的一種文字。

秦併天下，統一文字，因而制定了小篆，小篆是根據秦地較近古的文字，參酌損益而成的。我們只看字的變爲，字的變爲，以免和十字相混，“早”字，“卓”字，和“戎”字，又因是所從和形相近而改爲皁、𣅀、戒，這都是錯誤的。字本當作，和旦相近。由變。戎字最初作，（見《戎爵》，舊不識。）變爲，（見《盂鼎》），象戈楯形，更變作，或變作。就可以知道這是經過學者們有意的改革的。

這是一个很大的改革，因爲由此以後，只有小篆流行，而以前的古文字大部分被淘汰了。小篆雖有整齊同一的功，但因改革而起的錯誤，是不可枚舉的。

有些文字，從一字誤分爲兩，例如：字既變，𠂔又變爲；久。按“久”即“”字，《説文》解誤。字既變，又變爲；宜字既變，𩱧又變爲；象。按卜辭或作，金文《䰜彝》作，舊釋豕非是。又《井医彝》不敢，舊釋爲豕，亦誤。或作，字當由此而誤，象豕聲相近，當讀作豕。字既變，又變爲之類。但有些文字，像：，賸舳之類，因而湮没的，也就不在少數了。

（巳）每個文字的歷史的系列

考證文字的歷史，除一般的規律外，還應注意每個文字的歷史，詳考其發生和演變。這種工作，有時雖因材料不够而感到困難，例如“斤”字的作，這字的原始形，大概當作。怎麽會變成，是狠難推想的，但假如能每字找出較詳細的歷史，則真確的認識，將會增加可信的程度，而虛誣的論斷，也無由隱匿。

以前的學者，不注意這方面，所以有些字認的雖然不錯，却無由證明。例如：《禾彝》的字，《金文編》釋做“懿”，郭沫若因之釋《匡卣》的“王”爲“懿王”，這在“生稱王號”裡，誠然是狠重要的一條，但“”字與“懿”，字形相去太遠，即使“王”，“母”，此見《黍父鼎》。“龏孟姬”，《禾彝》“德”《㝬中壺》。都讀得通，還不能叫人無疑。我本人就曾懷疑過。學者間至今懷疑的人狠多。

我們知道或，一定是從“心”，再從的。字右旁從“欠”是無疑的。或作，即之誤，一證。或作，《毛公鼒鼎》歠字作，二證。左旁所從的或，是什麽字呢？

《内太子白壺》的壺字，蓋作，器作，見《武英殿圖録》一〇三葉。可知就是“壺”字，但我們還要追問壺字會[①]什麼可作形呢？且看下表：

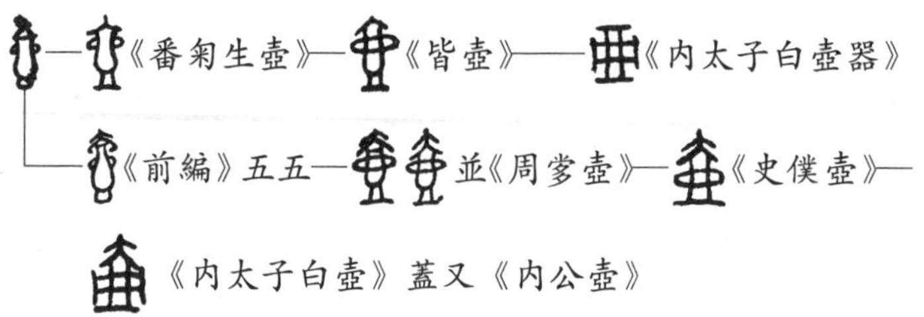

我在這裡雖只舉“壺”字歷史裡的一部分，但已狠够説明壺何以會變成或了。

那末，應釋做“歖”，應釋做“懿”，再看下邊這个表：

壺——歖——懿　金文

壹——歖——懿　小篆

就可知道確即“懿”字，《説文》：“懿從壹恣省聲。”漢隸多作懿，或變作懿。按從欠從次通。當爲“歖”字，朱駿聲“懿”注

① 今按：“會”，當作“爲”。下文有先寫“會”、後改爲“爲”之例。此處蓋遺漏未改者。

引或說云："此字從心𢾺聲"，甚是。最後的問題，只是從壺的字到小篆裡爲什麼變成"從壺吉聲"的壹字，一个音韻上的問題。《說文》："壺，昆吾圓器也"，昆吾當是壺的別名，那末壺的上古音，當讀如"昆吾"的合音。後來，壺字既改讀今音，古音別有流傳，就增"吉聲"爲"壹"。

這種真確的事實，系列出來，可以增加讀者的信仰。但如其是以意爲之，系列出來後，更容易看出錯誤。例如：

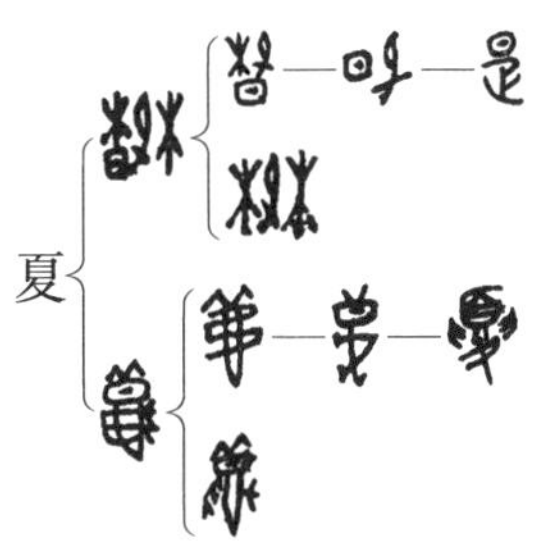

這張表裡怎麼會變，怎麼會變，我們是沒有法子懂得的，只感覺到奇誕有趣而已。

列出一張表來，在近來似乎是狠時髦，但可惜在列表以前，對文字的歷史，多沒有研究，以致白蹧蹋了列表的時間，連帶躭誤了讀者的工夫。許多學者都會用"我以爲"三個字，一切都可以自我去創造，不管聲音訓詁，不管歷史演變，於是可以說貞字是從龜版兆裂形變來，可以造出、兩字而列成一張大表，這種勇氣是值得佩服的。

我們是沒有這種勇氣的，先假定好幾種演變，譬如說虞姬是虞舜的後裔。來列上一張表，是不敢嘗試的。所以，一定得分析偏旁，考證歷史，到最後才做這一個總結賬，只要憑着各本底賬，弄出一紙清單，就完事了。

庚　字義的解釋

字義的解釋，可分三部：（一）本義，凡文字都有本義，就是最初寫這个字時候所表示的意義，這是屬於文字學的。（二）語義，因爲文字是傳達語言的工具，没有適當的文字形式可以代表語言的時候，就衹取字音來代表，這種意義和形式無關，是屬於語言音韻學的。（三）詞義，因語言的進化和文學的興起，在意義相同的文字裡，發生出許多區别，這是屬於文法和修辭學的。

在這書裡所要講到的，只是屬於文字學的本義。

也許有人要指摘“本義”這一説，因爲實質上還是代表語言。但請不要忘却文字是從繪畫出來的。用聲音來傳達到聽官，用摹寫形態來呈露到視官，這本是兩件事情，後來雖合併爲一，但一部分字義的決定，還是由於字形。同是ㄧㄤ音，義是羊頭，義是日光昜，洋是水中有羊，陽是山之陽，要是不顧字形，意義是不能確知的。

研究文字的本義，大抵可分兩種，（一），象形和象意文字，應追溯這字所象的物事。（二）形聲文字，應由所從的形，斷定義的一部分。例如從水形，必有水的意義。

自周以後，文字學家都在①追求文字的本義。這裡可分

① 今按：此字原寫作，疑是“在”字。

兩个時期，第一時期是根據春秋至秦的文字的一部分，用六書説來解釋的，第二時期是古文字研究發展以後的，從鐘鼎文字推到甲骨文字，但依然在六書説的範圍。我們現在要用新文字學的理論來解釋，則將是别一時期的起始。

六書説的短處，象形、指事、會意、指事、形聲，往往是分析不清的。我們的新條例，是：（一），文字只有形符、意符和音符，即象形、象意、形聲。象語雖也是意符，象聲雖也是聲符，但本無其字。（二）象形只象實物的形，除形以外，表示别的意義，便非象形字。（三）象意文字畫出一切事物的動態或静態，凡象意字都像一幅簡單的畫，見畫可知其意，所以圖形儘可省畧，例如名字像月下有人説话。意義不可曲折，例如“止戈爲武”，止解作停止，“人言爲信”，言解作説話，但止在圖形裡只是脚形，要先借做停止的意義，就變成猜謎了。言字從𠙵盛辛，本不當言語講。凡違反這例的，便非象意字。武字是被誤解的象意字，信字應是從人言聲的形聲字。又按六書説出來後所新造的會意字，不在此例。（四）凡象意字的變爲形聲字，是聲化形聲字。（五）凡兩個以上的偏旁組合起來，中有一個標音的，是形聲字。

根據這些個條例，我們的解釋文字，比往時容易的多了，因爲除了象實物的象形字，和注音的形聲字以外，盡是象意字，範圍既定，解釋就不難了。

但是還有許多困難的地方。許多圖形文字，因已簡化或錯誤，以致解釋困難，是其一。許多文字的本義，久已湮晦，只有引申假借的意義，還能知道，是其二。有許多文字，已久廢佚，是其三。

所以，關於字義的解釋，需要做許多考證。這種考證的方法，應注意三方面。（一）字形的方面，應找出最古的型式，其演變或錯誤爲今形，應有詳細而可信的理由。（二）字音的方面，應有證據。或本字雖失本義，但尚保存在所孳乳的諧聲字裡；或本字被假借爲別義，而本義却又叚借聲近的別字。（三）字義的歷史，雖則一般不以爲本義，但還保存着的解釋，也可以做一種證據。

能够三方面完全有證據，那是最好的了，例如：甲字作十象甲坼形，十、十、十，義均相近。乇草葉也，和坼聲相近。天象人形而特指其顛。《説文》：“天，顛也。”

本義雖已湮晦，但在形和聲方面有確切的證據，這種考證也是可信的。例如：萬字是蠆即蠆形，辰字是蜃殼形，此郭沫若説，按辰本當作𠨑、𠨑，變作𠨑、𠨑等形。𠨑象手持石斧意，我們在孳乳字裡還可以找出本義。又如中變爲中，爲申，又爲毌。字是干形，此郭沫若説。按干毌非一字，後世借干爲毌，郭氏謂干即毌形非也。干自作Y，與單同源。毌亦作串，於六國時文字中的偏旁則作串，串、Y形聲並相近，後遂以干爲毌。西字是簟形，西羅氏釋席，誤。《廣雅》“丙，席也”，本義尚存。《説文》：“丙讀若三年導服之導”，導即禫字，則丙當讀如簟。大概丙義漸晦，就別造從竹覃聲的簟字了。我們在別的叚借字或後起字裡還可以找到本義。

因爲字的本義是由字形來的，所以辨析字形，最要精細。

在字形的所象，没有十分把握，就要推其“夙誼”，這是太危險了。除了字形所象，還要廣徵文字的歷史，在字的音義上要能獲到相當的證據。這是解釋文字的必要的條件。

許多學者的膽是大的，心却未免太粗。要把字講做雙刀形，就説“卯”的原始象形本作，但這形却是臆造的，《説文》所引六國古文也只作。按卯古讀當若劉、柳、留等字，疑本一字，即象卵形。凡中空者得加點，例見前。卵劉聲相近。把字釋做“死”，就説人在棺槨之中，其實井字不會有棺槨意義的。按字郭沫若釋囚，亦非。當爲併，即荆字。古人字每誤爲刀，前已詳舉其例。併象人在陷阱中。誤爲荆，乃增人爲㑗，猶侄誤爲到，乃增人爲倒，例同。因爲字倒寫作，見《後編》卷下一·五。凡五見，一作。筆誤作，見《龜甲獸骨文字》一·十五·六，中直筆誤長。就把皃字釋爲䠶侯的形狀。其實皃確象小兒，初民繪畫粗劣，故不具身手，但見首足。我們可以看出，（一）杜撰古文，（二）不顧偏旁，（三）附會誤體，這些疵病，都是研究字形未精密的緣故，也是忽畧了形音義三方面歷史價值的緣故。

辛　字音的探索

研究古文字的讀音，是極難的事情。凡是象形或象意字，在未確實認識以前，加上一个讀音，是很危險的。形聲字的聲母即使辨明了，但古代讀法，是否和後世相同，也還是疑問。

但是，讀音還是不能不注意的。我們第一得找出古音的歷史證據，例如：丙讀若導，㔾讀若薄。其次得確定形聲字非形聲字的界限，和分出形聲字裡的聲母，例如：舊以爲從十口，實是從凵山毌聲；龍舊以爲童省聲，實象蜥蜴類戴角的形狀，這是得區別的。又如信字當讀爲從人言聲，㐰閻同。不當讀爲從言人聲，這類也得辨明。

由文字的假借，可以推見古音，例如：卜辭霾字作，從雨聲，即貍的本字，貍就是貓，可見豸音當和埋或貓相近。寢字作帚，㝱字作帰，可見帚作㝱音，帚假爲婦，可見婦本讀帚音，那末，帚、㝱、婦等字，古音相近。這問題我合羅莘田、魏建功二氏討論過，在音韻學上是講得通的。從形聲文字裡㝱聲特別發展一點看來，似帚字古本讀若㝱。

五、研究古文字的戒律

一个人做學問，揔要能有所不爲，才能有所爲，前面幾章裡我提出了許多當爲的事情，在這章裡所要講的，是不當爲的事情。

古文字在目前，是一般人所急於想懂得的，但因過去的研究成績，不能饜一般人的欲望，所以現在研究古文字的人特別的多。不過除了守師承、宗舊説的學者外，都是片段的研究，没有用整部古文字做對象的。

在學者們片段的研究中，固然有許多精確的發見，但最大的弊病，是沒有一定的理論和方法，因之也沒有是非的標準。在同一的題目上，各自做了解說，各人都以爲自己是對的，在局外的人，當然辨不清誰是對的。這種現象所引起學術上的損失是狠大的。第一，許多別的學術，像古史學、古社會學等的研究，處處和古文字有關，因此就不能進步。第二，許多學者的自尊心加强，只要自己説的話，揔是對的，不願接受批評和忠告，因之，阻礙其個人學業的進步。第三，猜謎式的風氣既盛，有些人對於這種研究就灰心起來，以爲是沒有出路的，有些人借此幌子，以賣狗肉，因之，弄成極大的混亂，初學者無路可從，而阻礙這種研究的進步。

箸者想在這種現象裡，闢一條出路，所以替研究古文字的人，設了下面的六條戒律：

（一）戒硬充内行　凡學有專門。有一等人專喜頑票式的來幹一下，學不到三兩个月，就自謂全知全能，便可箸書立説。又有一等人，自己喜歡涉獵，一無專長，但最不佩服專家，常想用十天半月東翻西檢的工夫做一兩篇論文來壓倒一切的專家。這種做學問，決不會有所成就。

（二）戒廢棄根本　在前面我已經講過研究古文字必須有種種基礎知識，並且還要不斷地研究，尤其要緊的是文字學和古器物銘學。有些人除了認識若干文字，記誦一些前人的陳説外，便束書不觀，這是不會有進步的。

（三）戒任意猜測　有些人沒有認清文字的筆畫，有些人沒有根據精確的材料，有些人不講求方法，有些人不顧歷史，他們先有了主觀的見解，隨便找些材料來附會，這種研究一定要失敗的。

（四）戒苟且浮躁　有些人拿住問題，就要明白。因爲不能完全明白，就不惜穿鑿附會。因爲穿鑿得似乎可通，就自覺新奇可喜。因新奇可喜，就照樣去解決别的問題。久而久之，就構成一个系統。外面望去，雖似七寶樓臺，實在却是空中樓閣。最初，有些假設，連自己也不敢相信，後來成了系統，就居之不疑。這種研究是愈學愈糊塗。

（五）戒偏守固執　有些人從一個問題的討論，牽涉到别的問題，因而發生些見解，這種見解本不一定可靠，但他們却守住了不再容納别説。有些人死守住前人成説，有些人迴護自己舊説的短處。這種成見，可以阻止學問的進步。

（六）戒駁雜糾纏　有些人用一種方法，不能澈底，有時精密，有時疏闊，這是駁雜。有些人缺乏系統知識，常覺無處入手，研究一個問題時，常兼采各種説法，連自己也没明瞭，這是糾纏。這種雖是較小的毛病，也應該力求擺脱。

凡研究一種學問，第一要有誠意。我想真要研究古文字學的人，一定會接收這種戒律的。

六、應用古文字學

甲　古文字的分類——自然分類法和古文字字彙的編輯

古文字的分類，向來没有精密的方法，除了用義或音類次之外，只有《説文》的分部和鄭樵所創的分六書。

宋以後，鐘鼎文字的分類，完全是用韻的，到清莊述祖才想自創系統，但還和《説文》相近。嚴可均、吳大澂，完全根據《説文》分類，以後的古文字字彙没有不襲用這種方法，除了林義光的《文源》，是例外的。

因爲六書説本身的不精密，所以用六書分類，是比較困難，且不方便。依照《説文》分類，則有一定的次序，只要照樣葫盧，所以一般人都喜歡用牠，也可説，除此之外，别無辦法。

但是嚴密地説來，《説文》分類法的本身，狠多可議。既想把部首當做“文”，原始的文，却又在中部底下有艸部、茻部，而且還有了蓐部。中字象形，是初文，艸和茻，和芔字有什麽不同，把芔字附在艸部，而艸和茻獨立爲部首，又把明明是形聲字的蓐也昇做部首，可見是只要擁有所從的徒衆，就不管是否初文，同可做部首了。而且大字人字，都可以分做二部，有許多部首根本是不必要的。還有每部裡的象意字和形聲字都雜在一起。還有許多古書裡的叚借字，附在别部裡作爲或體。還有些文字的隸部不當，例如盩字應入皿部，因没有𥁕字，就誤入幸部。

所以用《説文》來排比古文字，是狠不妥當的。尤其是古文字材料日益豐富的現在，許多文字是《説文》裡所没有的，字彙家以意編次，有的附在部末，有的列入附録，同一部首的字，有時分見十幾處，而所録同部的字，偏旁又多不和部首一致。

這種方法只好叫做排比，講不到分類。由這種排比出來的字彙，既不能看出文字的發生和演變，又不能籍以作同類文字的比較研究，在最低限度内，也不能予一般人以檢查的便利。許多字彙附有檢字，但這種檢字是爲釋文做的，不是爲古文字做的。在檢字裡有苣字，事實上則是字，检字裡有叔字，事實上則是字，假使要查烑二字，檢字裡就没有了，這種檢字，丝毫没有用處。所以，這種編法是失敗的。

在九一八惨變那一年的春天，我在瀋陽一家小旅館裡，刱始用“自然分類法”來整理古文字。最先計劃做《名始》一書來代替《説文》，第二年秋季後在北京大學等處教鐘鼎文字，才實現這計劃的一部分。後來覺得範圍太大，太複襍，就把殷商、兩周、六國、秦系的文字分開來研究，而把《名始》擱在將來去做。這兩年來所講的殷虚文字和鐘鼎文字，是根據這个計劃的。

刱立自然分類法的目的，是要把文字的整部的歷史用最合理的方法編次出來。因此，我決定完全根據文字的形式來分類，而放棄一切文字學者所用的勉强湊合的舊分類法。

我們的新分類法和文字發生的理論是一貫的。因爲文字是由繪畫來的，較古的象形和象意文字都是圖形，而最早的繪畫，只象實物的形，所以用象形做部首，由象形字分化出來的單體象意字都隸屬在“部”裡，例如：

人部

允字由①變來

兀字由變來

欠字由變來

（中段節去）

卩

由原始象形字或單體象意字所分化出來的複體象意字，則隸屬於“科”。例如：

由象形、象意，包括單體複體。孳乳出來的形聲字，則隸屬於“系”。例如：

① 今按：“由”原書寫作“田”形。根據文意，應當是“由”字之誤。今改正。

根據這个方法，就可把每一个原始象形所孳乳出來的文字，都組成一个系統。

部和部間的繫連，我廢棄了許叔重的據形系連法，而分象形字爲三類，第一是屬於人形或人身的部分，第二是屬於自然界的，第三，是屬於人類意識，或由此產生的工具和文化。用這三大類來統屬一切象形文字，同時也就統屬了一切文字。

但是古代文字的發生，不是整齊畫一的。有些單體象意字，事實上和象形字一樣，例如字的作，此和或作同。、、、等形，每字都更分化出好些單體象意，因此，我添出一個“支部”的名稱來。如：大支部，女支部等。有些複體象意字，分化出來，還是複體象意，例如字，本屬科，而又有從的字，就只好添出一个“支科”來。而形聲文字裡，像：齒從止聲，而從齒的字狠多，就可以列爲“齒支系”。

上述的分類法，用圖示如下：

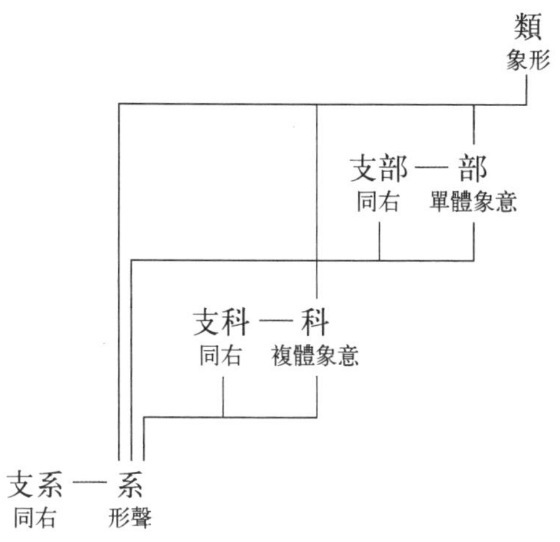

這是合理的分類法，我們由此可以看出文字的孳乳和演變的情形，可以取同類的文字比較，可以推出文字的涵義。雖然，要剏立一個新的系統，將遇見許多困難。例如：象形字的確定，字，我先以爲象形字。後來才定爲象意字，當隸于部。水形，與異。物質，與火意同，地理，與山意同。象意和形聲的區別，形聲字裡聲母的找出，以及部、科、系裡面列字的次序，在實用時，新問題會絡繹以來，雖都是枝節的問題，也得要用心去解決的。

編輯古文字字彙的合理的方法，當然只有自然分類法了。不過，應用這種方法，不是短期內所能成功的。在暫采別的方法時，至低限度得具備下列四個條件：

（一）得用古文字偏旁做索引，且必每一偏旁俱作索引。如字當分隸、、、四部。

（二）得每字詳載出處。

（三）每字下所輯重文，當依歷史排列。

（四）每字所出的銘文，當附注。

至於合乎理想的字彙，要遵守這些規律，是毫無問題的。

乙　研究古文字和創造新文字

有些學者瞧不起古代的東西，以爲把塚中枯骨翻出來整理是無用的，但單就文字學一端，我們就可以證明這種觀念的錯誤。

文字是一個民族的文化裡最重要的工具，文字的難易，和文化的退化或進步有密切的關係。我國現行的文字，字形太繁而難認；形聲字雖有聲母，但多變化，同一聲母的字，讀法不同，難於記憶；這種困難，會使識字的人減少而文化降落，所以有識的人士，都在想法改革漢字。

改革漢字運動，有兩種，一種是簡字，一種是拚音文字。前者雖也極盛一時，但原有的簡字不多，不足供改革的需要，而且毫無規律，有時比原字還難記，不注讀音，還是難認，所以一般人都以爲不是澈底辦法。後者雖現在難於實現，或竟永遠不能實現，而一般人却都認爲合理的改革。

我由文字學的立足點說，是不贊成把漢字改成拚音的，因爲注音文字的優點，遠勝於拚音。

（一）注音文字，同音字多，字音單簡易記，國音常用字彙所收九千字左右，只有二百六十五個音單位。每一音單位，有聲調的不同。假如改爲拚音文字，勢必字不同音，以英語來説，近出韋氏《字典》有十二萬字，雖有些同音，但音單位的多，不便記憶，是毫無疑問的。即以英美人要記住桑戴克氏所選常用一萬字，而論，除了從小時所習熟的言語外，要從書本上一一記憶，也是狠困難的。

（二）注音文字，因有形符，規定意義，便於了解與學習。尤其是專門或物質名辭，可以不費力的解釋。例如：銅，鋅，一望而知是一種金屬，應讀同或辛。但拚音文字，没有這種優點，在没認識 Copper 和 Zinc 之前，只覺得是一堆記號而已。

（三）根據上一個理由，注音文字，便於研究科學。假定由聲調的變化，把二百六十五個音單位，變成一千幾百個音母，同時再規定五百个形母互相配合，至少可以造出五十萬個字來，這是儘够用做新名詞了。真要不够的話，還可以兩字或三四字組合成複合字，就可無窮。但我們除音單位外，只要認識五百個最簡單的形母，這是不很難的事，所以科學知識易於普及。拚音文字防字音的漏同，往往把科學名辭造成冗長而艱難於記憶的字，有時因實用的不便，又改作減寫或記號，更難記憶。所以一般人看到有關科學的術語，便覺茫然。

（四）以文學的方面説，注音文字因有形符的關係，有字形上的美麗的色，又因每字單音而具聲調的關係，可以做對偶，這種優點是拚音文字所没有的。

（五）以藝術方面説，注音文字方整劃一，所以書寫的藝術特別發展。這也是拚音文字所不如的。

由上五點看來，注音文字在學術文化上的價值，確在拚音之上。在口語裡同音字多，雖是一種短處，但不是沒有法子補救的。例如一隻雞和一架機器，顯然有別。文化的進步，不在語言的繁複難記；而在所用以記載的文字，簡單而易於理解，注音文字正是適合這種條件的。

我雖不贊成把漢字改成拚音，但同情於漢字的改革。我以爲改革漢字，並不是見異思遷，而是求漢字的合理化。

當我們研究本國文字史的時候，就可知道古文字是從象形和象意——圖形文字轉變成形聲文字——注音文字，這是漢字的一個大進步。尤其是變爲注音而不變爲拚音一點上，是狠有價值的。形聲文字發展後，圖形文字逐漸淘汰，到小篆時代，形聲字和非形聲字的字母，合計不過一千左右。除了非形聲字外，只要讀出聲母就得本字的音。現在的形聲字讀音和聲母不合，這是年代太久，聲音變化必然的現象，不足爲形聲字病。

我們既需要改革，使文字合理化，那我們就得研究過去的歷史，保守或擴充其優點，而修正其弱點。由此我發見形聲字，即注音文字裡列有形符，即義符這一點，應該保守或擴充，所以我主張創造一種“新形聲文字”。

這種新文字的目的，一方面要保持固有文字的優點，一方面要求其更簡易合理而又能便利於學術的研究。要使舊有文化不致因改革文字而衰退，而新文化又易於促進。

根據這種目的，我規定創造新形聲字的大綱如下：

（一）凡文字分字母及形聲字。

（二）字母以形母爲主，即義母。至多約五百字左右。《説文》五百四十部首，大半不够形母的資格，當加考證，選擇歸併。一方則增加新部首。形體方面當力求簡單。或利用古本字，如申可代表電。或利用簡俗體。

（三）形聲字一律改爲左形右聲。且只許兩合。

（四）形聲字的聲母，用注音符號拚出。此注音符號約有四十個，根據現行注音符號。須被包括在字母内。

（五）凡字的聲調，在聲母四側，注以符號。

（六）凡複合字，例如《周易》、飛機、中華民國。於最後一字下注以數目字。此法出六國文字，如以禾= 爲工師。又《遹毁》穆= 王，前人釋穆穆王，似亦表示二字爲一名而非重文。

（七）凡古書中非形聲字而不適於作字母的字，除改爲新形聲字外，加注形母。仍保留其原字於字典中，别爲古字，使讀舊版書或翻譯古書爲新字時，仍得應用。

（八）凡舊形聲字一律改爲新形聲字，其注音一律用現代標準語，或畧加考訂。其他讀音，保存於《字典》中。

（九）凡舊形聲字的形母不足爲字母，因而改從别的字母；和原來是假借字，今另造新標準字而改從别的字母；在字典中及翻譯古書時仍保存原形。

（十）凡翻譯名詞須用音譯時，宜以原文的每一音節當一單字；其複音節的字，則組爲複合字。其國語所無的音素得參取國際音標以補充之。

這個計畫，當然不是頂完備的，還待修正增補。但已經可以看出這“新形聲文字”的特殊優點來了。

第一，這種文字簡單而易學，如下圖所示：圖中聲母方面，姑采現行注音符號。

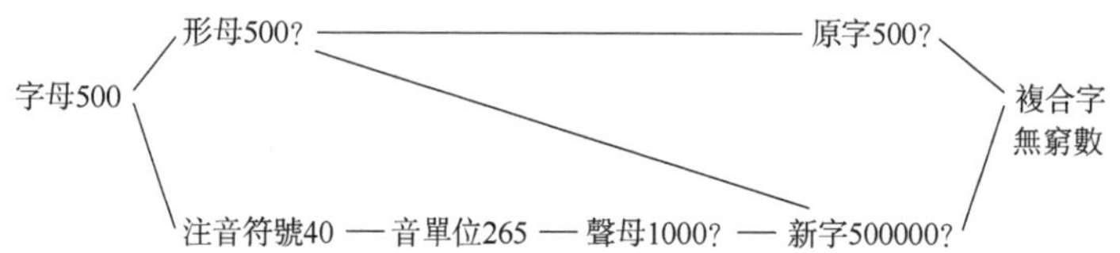

只要學會約五百個的字母，便可統制數十萬新字，既易識音，又可以知道義的大概。失學的人只學聲母，也可以能看能寫，那就只要學四十个符號和拚音法則。

第二，這種文字是合理的。意符即形母方面可以儘量把重要的科學容納進去，因此，可以減少冗繁雜亂的術語，使科學名詞變爲淺顯。

第三，這種文字，對於固有文化，完全保存。

1. 把舊形聲字，改成新形聲字，有益而無害。因形聲字的聲母，本只注音，所以洚鴻洪同有洪水的意義，聲母作夅、鳿或共，是不拘的，那末，改爲注音新法，當然無害，只要拚出字音，看見形母，當然可以認識的。

例如：

松、柏、杞、梓寫做

[illegible]，[illegible]、[illegible]、[illegible]，暫依現行注音符號

只要懂得拚音，決不會感覺不便，尤其是梓字，原來的辛聲，現在已不能做聲母，這樣一改，就便利多了。

2. 古文化不致因文字改革而湮滅，因爲除了形聲字外，

盡力保存古字。

3. 文學方面，藝術方面，原來的優點，没有消滅。

第四，可以儘量吸收别國的文化。

第五，因複合字的規定，可以把字和詞分開。

第六，在印刷方面，每形聲字可分左右兩單體拚合，形聲字連非形聲字，大約不到二千個單體，較舊字的數目爲簡。此點似不如拚音文字，但受過訓練的印刷工人，許不覺得很難。

以此故，箸者提出這个艸案來。我們研究歷史，不只爲滿足好古的私嗜。我們研究古的，要用以建設新的。我們希望能研究出最合理的文字，可用以建設偉大的新文化，因爲這是文字學最後的目的。

下编正譌

十八葉上八行（今按：本書第 69 頁）　“人字應作而寫作”，當作“人字或寫作”

廿八葉下十行（今按：本書第 79 頁）　“以前是不認的”，“認”下脱“識”字。

廿九葉上十行（今按：本書第 80 頁）　“斫”字下，應補“砓”字一條。三十葉下一行（今按：本書第 82 頁）“砓”字當移此。

三十葉上二行（今按：本書第 82 頁）　“當即新字”下當補“金文亦每以‘新’爲‘新’”

同葉上九行（今按：本書第 82 頁）　“斳就是析的異文”下當補“卜辭以爲采，又有字，舊亦不識，葉玉森附會爲‘冬’字，今謂即‘杳’字，均可證”。

四十二葉上二行（今按：本書第 93 頁）　“而説文却誤做‘㚇’了”，“㚇”當作“䆀”。

四十八葉下七行（今按：本書第 101 頁）　“漸變的文字”當作“以上所舉漸變的文字”。

五十一葉下一行（今按：本書第 103 頁）　“三人爲”下當補“二女爲，三女爲”。

同二行（今按：本書第 103 頁）　“按大或”，“或”下脱“作”字。

古文字學導論

二十五年改訂本

附改訂本正譌

目　　録

引言

上編

中編

引　言

這部書裡所論述的有三部分。第一，確定古文字學的範圍，並述其歷史。其次，由最近研究古文字的所得，推論文字的發生和演變，糾正舊時文字學上的錯誤，並建立新的理論。最後，更闡明研究古文字的方法和規律。

這種研究，在目前是狠重要的，但還沒有人去做過。專門學者往往只守住極狹小的範圍，做些瑣細的工作，而忽畧於有系統的研究。坊間雖羅列着許多關於文字學的新箸，大半是庸俗愚昧的作品，耑以剽竊抄纂爲能事。只因學校裡既有這種課程，就胡亂編些教科書來充數。在這種書裡，當然不會有一貫的理論的。自然，有一部分的作品，是較高明的，但也没有精密正確的理論和方法。

在無論那一個學科裡，這都是必不可缺的。但在中國文字學裡，却不狠被人注意，無怪乎文字學的這樣衰微，——至少，對於牠的同懷語言聲韻學而論，是這樣，——幾乎不能稱爲一種科學了。許多文字學者，給傳統觀念束縛得非常堅固，使他們死守住陳舊的學説，而不敢畧有逾越。對於新的學説，有的人完全不信；有的人相信其中的一二點，而拿來附會舊説；有的人雖頗相信，但因舊説是有系統的，改動了一部分，就將和另一部分矛盾，而新的系統還没有建設起來，所以，只在歧路上徬徨。這都是目前文字學衰微的重要原因。

文字學上新舊的分歧，由於古文字的研究的擴大。往時研究古文字的對象，只有《說文》所載的籀文、六國古文，和秦篆，——因爲轉輾傳抄的緣故，還有不少錯誤。現在則有商和西周的文字，其材料較真確可信，而且，一部分的材料還比以前豐富。一個無成見的學者，必能毫不猶豫地接受這大批新材料的。

但是，事實上不能如此簡單的。《說文》裡的材料，雖在東周以後，可是學者間誦習牠已將兩千年了，又在清代儒者過分的尊重牠之後，即使是十分陳舊的偶象，也不容易推翻。而新的部分，像卜辭才發現了三十多年，還不能深印人心。銅器文字，雖則從趙宋時已開始研究，但一直到現在，許多學者還不能脱離賞鑒古玩的習氣。他們的方法是神秘的，主觀的，可以任意推想而不需要客觀的標準。這種方法，又應用到卜辭和其他文字的研究。這種研究的成績，其不能取舊說而代之，是當然的。

文字學者不能利用新材料，而研究古文字的人，不注意文字學，這是文字學的致命傷。文字學的發展，本在聲韻學之前，現在却落後了。這復興的責任，是我們所應肩負的。

這一部書，是懷着這個企望的。雖然不見得就能建立起古文字學的基礎，但只要能引起學者間的興趣，去共同研究，這礎石是不難奠定的。

上　　編

一、古文字和近代文字的界限

“古文字”這个名稱，最初見於《漢書・郊祀志》上，——“張敞好古文字”——漢代通常的稱謂是“古文”。漢人所謂古文有兩種；《説文・序》説：“古文，孔子壁中書也”，是竹簡上的古文；張敞因考尸臣鼎而説“臣愚不足以迹古文”，許慎説：“郡國往往於山川得鼎彝，其銘即前代之古文”，是銅器款識裡的古文。

漢時實際常用的文字是隸書和艸書，小篆在那時已是古文字了。《漢書・蓺文志》説：“《倉頡》多古字，俗師失其讀”，《倉頡篇》的原本，正是用小篆寫成的。但漢時却把篆書和古文分開，王莽時的六書裡就是這樣。許慎説“宣王太史籀箸大篆十五篇，與古文或異”，又説：“今敘篆文，合以古籀”，可見篆籀不是古文。因爲經師們把壁中古文經，推尊太甚，以爲只此是倉頡以來的古文，所以把古文兩字弄得太窄隘了。

其實，“孔氏古文”，只是六國時文字的一種。七十子後學寫經的時候，並不如許慎所説“孔子書六經，左邱明述《春秋傳》，皆以古文”，而只用當時流行的文字。這種文字，並不比籀文大篆的時代古遠。

依據我們的看法，不拘是史籀、六國古文，抑或小篆，都是古文字，而小篆是古文字中間最後的一種。在小篆以前的文字，變革雖狠多，但在小篆裡，我們還能看到一些象形象意的遺痕，所以不失爲同一系統。

秦併天下以後，一方面由學者們省改別的古文字而作小篆，一方面同文字，“罷其与秦文不合者”，但不久就失敗了。一種新興的文字——隸書，突如地起來替代了小篆的地位，學者們的理想，終於給民間只圖簡便的心理摧破了。隸書本是由戰國時文字演變來的，但在形體方面起了劇烈的變動，大多數的文字，都因破體錯畫而成爲一堆記號了。從隸書到今隸，——即現代通行的正書，變異不多，所以我把隸書以後，劃歸近代文字，而小篆以前都歸入古文字的範圍裡去。有些人以爲古文字只是卜辭或銅器文字等地下材料的揔名，這是錯誤的。

在古文字裡，還可以分爲上古近古兩期，這是以形聲文字的興起來區別的，在後文另有詳細的解釋。

二、古文字的材料

甲　材料的類別

古文字的材料，大致可以分爲古書裡的和古器物銘刻裡的兩類。

古書裡的材料，有：（一）籀文，或大篆，（二）六國古文，或奇字，（三）小篆，（四）隸古。隸古是用隸書寫出的古文字，不是通行的隸書，所以可視爲間接材料之一。

關于古器物銘刻方面，品類異常複雜，如其由器物的本質來説，就有玉、石、匋、甲、骨、金、銀、銅、鐵、竹、木等的區别。但因器物種類的不同、材料發見的多少不一等關係，通常的分類，大概注重於較重要的部分。例如：（一）甲骨，即卜辭，（二）銅器，即金文，——或鐘鼎，（三）陶器，（四）鉨印，（五）貨布，（六）石刻。

這種分類，在蒐集材料時較方便，在研究銘辭的時候，也容易有效果，但在另一方面説，却狠有弊病。第一，這種方法是不科學的，忽而根據器物的品質，忽而根據器物的用途，因而發生困難。第二，許多不屬於上幾類的古物，因材料少而無法歸類，容易忽畧。第三，材料的時代没有畫分，兩個相隔狠久遠的東西會混在一處。第四，同時代的器物，往往分列各類，無法比較。

基於文字學的觀點，我曾提出一種新的分類法。我們可以不管這材料是古書裡的，或古器物裡的，我們也可以不問器物的用途，或品質，所應注意的，只是時代與地域的區分。由此，在已發見的材料裡，分爲下列的四系。

一　殷商系　以甲骨卜辭及銅器爲最多。中央研究院在安陽發掘所得，尚有獸頭刻辭及匋器。此外見於市鬻家及收藏家者，有骨柶、玉器、鉨等。

二　兩周系　以銅器爲最多。匋器中有一小部分屬此期，如塤是。《考古圖》所箸録有石磬。此期以春秋末年止，所謂“籀文”，也應屬此。

三　六國系　除竹簡已佚外，以銅器兵器極多、匋器、鉨印、貨布，爲最多，封泥和鉨相近，金爰和銅貝和貨布相近。玉器、石器、銀器，量不甚多。《說文》裡的古文，和三體石經裡的古文，均屬此。

四　秦系　以銅器刻石爲多。權有石或鐵製的，量有匋製的。小篆屬此系，所以漢以後的篆書，都應附此。

這樣分類，既可以表現出每系文字的特點，又能包括各種畸零的材料，實是最善的方法。在目前，因研究的便利，固可暫用舊分類法；不過，在精密完備的古文字研究裡，是必需用這種方法的。

乙　材料的來源

現在所謂古文字，在秦以前，有些不能叫做“古”。《左傳》說楚史倚相能讀《三墳》、《五典》、《八索》、《九丘》之書，倚相能讀而別人不能讀，可見這種書用的是古文字。《堯典》《咎繇謨》說“粵若稽古”，可見是周人用古代材料來編輯的，這種史料，大概也是古文字寫的。大概周人所以爲古文字的，至少在周以前，這種材料，可惜没有遺留下來。

經過戰國時長期的擾攘，和秦的統一，舊時紛歧的文字，大都消滅，繼之起的，是整齊劃一的小篆，和苟且艸率的隸書，於是在漢人心目中，一切先秦文字，都是古文字了。

漢初正當秦焚書之後，惠帝才“除挾書之律”，武帝才“開獻書之路”、“建藏書之策”、“置寫書之官”，於是“外則有太常太史博士之藏，内則有延閣廣内秘室之府”，許多已亡佚的古書，都重行發現了。張蒼獻《春秋左氏傳》，魯恭王壞孔子宅，在壁中得《禮》、《尚書》、《論語》、《孝經》等，後來都歸中秘，這都用六國文字寫的，只因那時學者還没有注意古文字，對這種材料，都忽畧了。

漢時所存的古字書有兩種。其一是《史籀》十五篇，後建武時亡六篇。其二爲《倉頡篇》一篇，李斯、趙高、胡毋敬等所作，而給閭里書師所合并的，《漢書・蓺文志》説："文字多取《史籀篇》，而篆體復頗异，所謂秦篆者也。"這兩種書原來都是用以教學僮的，在那時却成爲狠難讀的了。所以《藝文志》又説："《倉頡》多古字，俗師失其讀，宣帝時徵齊人能正讀者，張敞從受之。"張敞好古文字，這回徵召，大抵是他鼓動出來的。後來平帝時又有徵爰禮等百餘人説文字未央廷中的盛事，那大概是楊雄等的意思。經過這兩回提倡，古文字就爲學者間重視了。

成帝時劉向校中秘書，才用中古文的《易》和《書》來校今文。向子歆才創議建立《左氏春秋》、《毛詩》、《逸禮》、《古文尚書》。這時古文字學已盛，所以今文學家儘管竭力反對，古文經學終於大行。後來古文經學者許慎作《説文解字》，"敘篆文，合以古籀"。在《史籀》、《倉頡》，和古文各經全亡佚以後，這書是最重要的材料了。

古文經的原本是竹簡，藏在中秘的是否原本，今不可知，後來都亡佚了。但外間還有抄本流傳，魏正始中所立的三體石經有《尚書》和《春秋》的古文。石經久毁。宋時有一部分發現，也已佚去，只有《隸釋》裡保存着。近世所出殘石頗多，頗可以作研究六國古文的參攷材料。那種抄本的古文經到唐時還有流行，李陽冰有《古文孝經》和《古文官書》合爲一卷。

六朝以後，一般人不會寫古文字，於是有所謂“隸古”，《尚書》的僞孔本，就是用隸古寫的，關于這一部分材料，在唐人寫本裡保存狠多，但未必全可靠。字書裡所謂古籀，往往出《説文》外，雖然都是隸書寫的，有時也可以供參攷。

後世的今文經家往往懷疑孔壁出古文經的事，其實是無可疑的。剛過秦火的厄，在梁閒壁裡得到古書，是狠容易的。燉煌的唐寫本正是絶好的例子。後來杜林在西州得漆書古文《尚書》一卷，晋時汲縣發見竹簡古書七十五卷，有《周易》、《紀年》、《瑣語》、《穆天子傳》等，南齊時雍州發見竹簡，有《攷工記》，梁時任昉得一篇缺簡書，是古文《尚書》所删逸篇，可見這類簡書，在唐以前是常有發現的。竹簡日久朽腐，所以唐以後無聞，近時中央研究院在河南發掘所得只畧存影象了，但在吐魯番、燉煌等高燥的地方所發現的漢代木簡狠多，其中有《論語》、《史記》等殘簡，以今證古，就可知孔壁古文，决非僞託了。

漢時雖常有銅器發現，見於箸録的，像孔悝鼎、尸臣鼎、仲山甫鼎之類，又近所發現的銅器往往有秦以前的東西而漢代加刻款識的，可是那時没有人去注意收集。那時候，紙還没有發明，没有傳拓的方法，在簡牘上固然也可以傳寫，但那時認識古文字的人太少了。所以，銅器銘辭，没有傳布的機會。《説文》裡雖然提及鼎彝，實際上却没有徵引一個字。

魏晋以後，古器還時常出土，王肅説："太和中，魯郡于地中，得齊大夫子尾送女器，有犧尊。"劉杳説："永嘉賊曹嶷於青州發齊景公冢，得二尊。"南齊時始興王鑑做益州刺史，在古冢裡得銅器十餘種。梁劉之遴在荊州，聚古器數十百種。此外史傳所記的還狠多。但出土之日，即湮滅之期，這些材料，一毫没有留存下來。所謂虞荔《鼎録》，陶宏景《刀劍録》，是一手所造的僞書，全無足觀。顧烜的《錢譜》，只收莽布以下，其書久已亡佚。

由上文所述，漢、魏、六朝的古文字材料，只有竹簡。那時流布的方法，只是傳寫。傳寫本易錯誤，何况寫者往往不認識古文字。所謂隸古，錯誤尤多。一般好怪的人，漸漸造許多假的古文字，後來大都録在郭忠恕的《汗簡》裡。這是古文字材料發見史上的第一個時期。

第二個時期裡最可注意的是拓墨的發明。這發明的確切時代，已不可知，但能知道是由拓石經而起。本來石經刊成後，學者競相摹寫，到晋的中葉，還没有拓本，而《隋書·經籍志》裡的一字石經和三字石經却已是拓本了。《隋志》注載梁有一體石經，三體石經，□①係完帙，疑後魏初年的東西，也許那時已有拓本。由石經而及秦刻石，封演《聞見記》説："嶧山始皇刻石，其文李斯小篆，後魏太武登山，使人排倒之，然而歷代摹拓，以爲楷則。"可見在唐前就有拓本了。

大概在隋末唐初，在天興縣南發見秦雍邑刻石，當時人

① 今按：原影印件上此字模糊，作[illegible]，疑爲"均"字。

稱爲“獵碣”，又叫做“石鼓”，以爲是史籀寫的，書家文學家都狠受衝動，韋應物、韓愈都有《石鼓歌》，因之，就爲傳世古物中最煊赫的一件。這刻石在唐初就有拓本，蘇勗曾在上面做過題記。

由拓本更進一步，就有傳刻本的出現，《聞見記》又説：“邑人疲于奔命，聚薪其下，因野火焚之，由是殘缺不堪摹寫。然尤上官求請，行李登涉，人吏轉益勞弊。有縣宰取舊文勒於石碑之上，凡成數片，置之縣廨，須則拓取，今閒有嶧山碑，皆新刻之本也。”杜甫説：“嶧山之碑野火焚，棗木傳刻肥失真。”兩説稍異，揔之在唐時已有翻刻本了。雍邑刻石後來也有岐下刻本，見薛氏《鐘鼎款識》。

會稽刻石在唐時大概尚存，《史記索隱》和《正義》都曾引過碑文，在宋初却似和嶧山刻石一樣，連拓本都不易得了。徐鉉曾寫過這兩刻石，後鄭文寶刻了嶧山，嶧山刻石宋時尚有夏竦家本，今未見。徐□□①刻有七本，以鄭刻長安本最佳。會稽一直到元時申屠駉才重刻。泰山刻石，宋真宗時摹本只存四十餘字，大觀時，劉跂親至碑下摹得完本，刻《泰山秦篆譜》。今《絳帖》所存縮圖，當即本劉譜，《絳帖》雖題淳化五年上石，但實際刊成狠遲。

詛楚文是北宋中葉發現的，《廣川書跋》説：“初得大沈湫文於郊，又得巫咸文於渭，最後得亞駞文於洛”，這是雍邑刻石以後絶大的發現，蘇軾在《鳳翔八觀》裡首先歌詠，後

① “徐”下二字難以辨識。

來學者們對這文的注意，僅亞于雍邑刻石。

這時期裡，以石刻爲主要發見，但作僞的狠多，像：岣嶁碑，延陵季子碑，壇山刻石等，都是唐宋時不狠懂古文字的人所造。法帖所載倉頡書二十八字，夏禹書十二字，史籀書六字，均不可信，李斯十八字乃李陽氷之誤。

除了石刻以外，其他古物還没有被注意。開元十三年萬年出土五鼎，四個有文字的，説是垂做的。張懷瓘《書斷》説：“往在翰林見古銅鐘二枚，高二尺許，有古文三百餘字，紀夏禹功績，字皆紫金鈿，似大篆，神采驚人。”此外還有許多銅器，都没有流傳，大概是還不會摹拓銅器的緣故。古刀布在唐封演、張台的譜録裡，雖已有箸録，但不狠盛行。

銅器文字的重視，在第三個時期。五代時，古文字學狠盛，宋初頗受影響。咸平三年，乾州獻古銅鼎，有古文二十一字，句中正和杜鎬詳其文。即薛氏《款識》仲信父方甗。又内（原誤太）公簠亦咸平時獻。秦公鐘本藏内府，皇祐間摹其文以賜公卿，楊南仲爲圖刻石。到嘉祐時，劉敞作永興路安撫使，其治在長安，得古器物狠多，作《先秦古器記》。歐陽脩作《集古録》，把劉氏所搜集的古器，都收集進去。後來李氏《古器物銘》説：“蓋收藏古物，實始于原父，而集録前代遺文①，亦自歐

① 此句原作“而集古録前代遺文”。按：“古”字衍。薛尚功《歷代鐘鼎彝器款識法帖》卷十八：“蓋收藏古物，實始于原父，而集録前代遺文，亦自歐陽公發之。”見劉慶柱、段志洪、馮時主編《金文文獻集成》第九册，北京：綫裝書局，2005 年，第 111 頁。趙明誠《金石録》卷十二《跋尾二》：“蓋收藏古物，實始於原父，而集録前代遺文，亦自文忠公發之。”見劉慶柱、段志洪、馮時主編《金文文獻集成》第十六册，北京：綫裝書局，2005 年，第 170 頁。

陽公發之，後來學者，稍稍知搜抉奇古，皆二公之力也。”宋代所發現的銅器，現在所知道有六百多種。其中有少數僞器，像比干墓銅盤之類。

銅器之外，其他古物也畧注意。關于貨幣，李孝美、董逌、洪遵等都有譜録；鉨印，有楊克一的《印格》，薛氏《款識》引《古今印格》，即此。《郡齋讀書志》誤作晁克一。王俅《嘯堂集古録》裡也有附録；在《考古圖》等書裡，也閒或收别的古物，但數量都狠微小。

這個時期狠短，南渡以後，因爲地域的關係，獲得古器物的機會漸少，士大夫也不狠注意這些了。

元明兩代，對於印章，蒐集較勤。明末顧氏的《集古印譜》，有古玉印一百五十餘，古銅印一千六百餘，數量已狠可觀。錢幣一類，也頗有人繼續蒐集。到清高宗時，勑撰的書，銅器有《西清古鑑》，貨幣有《錢録》，璽印有《金薤留珍》。嘉慶道光以後，關于金、石、磚、瓦，各古器，學者閒蒐集愈勤，新發現的東西也愈多，像印章一類的古鉨和封泥，貨幣一類的空首布，都是前人所未知的。陳介祺開始收集匋器，更是重要的發現。

這一期裡，對於古器物是兼容並包的，除了已亡佚不可再見的東西外，大抵都被蒐集。從漢以來，可以説最盛了。

但是，這些發現，還不過是一個序幕，到了最近，又變到一個新的時期。這個時期裡可以注意的，第一是印刷術的進步，從《奇觚室吉金文述》，開始用照像石印以後，材料傳布的方法，逐漸精美簡易，較之以前的刻本，不可同日而語。第二是殷虚甲骨的發現，由光绪二十五—六年到現在，還不到四十年，所得的材料有幾萬片，在各種古物裡，只有銅器，可以抗肩。

整批銅器的發現，像：新鄭、渾源李峪、洛陽韓墓、壽縣等，大抵是私掘的，方法粗疏，器物散佚，都是文化上極大的損失。我們所可稍稍自慰的，是中央研究院的發掘安陽、譚城等地，業已走上科學發掘的道路。

近時發現的重要器物狠多，銅器有沈子它毁蓋、井医毁、矢彝、矢毁、驫羌鐘等；石刻有袁安、袁敞兩碑，三體石經殘石；雍邑刻石有三個最好的北宋拓，泰山刻石有較劉跂所見存字還多的北宋拓。至於有古文字的玉器銀器等，更爲前此所未見。西陲木簡和燉煌唐寫本的發現，對古文字學，也頗有裨益。

在古器物發現史的五個時期裡這是最粲爛的一個。這個新時代正在開始，我們希望還有更新的更重大的發現。現在的古文字材料，可確定的最早時代是商代，但已是近古期文字。上古期的材料，幾乎可説没有。我想關于先商各代遺址的發掘，在目前可認爲最急迫和最有意義的工作。

丙　材料的輯集

關于古文字材料的輯集，有兩種。其一是原料的蒐集，把有文字的器物聚在一起，其二是經過整理的工作，以文字爲主體去分類編集。這兩者閒的關係，幾乎是不可分的。

輯録古文字的書，興于漢時，——前此的《史籀篇》和《倉頡篇》，本都是記載當時的文字，和後來輯録的不同。《漢書・藝文志》有《古今字》一卷，王先謙説：

《儒林傳》：孔安國以今文字讀古文《尚書》，《論衡》云："壁中古文《論語》後更隸寫以傳誦"，此蓋列具古今，以便誦覽。

大概是對的。魏張揖作《古今字詁》，現在還能在輯本裡看到原書的體例，我以爲就是《古今字》的詁，和杜林的《倉頡故》一樣。凡以古今字對照的是原書，訓故才是張所作。

《隋書·經籍志》有《古文官書》一卷，後漢議郎衛敬仲撰。敬仲名宏，是杜林的弟子，他的官書，唐、宋閒還存在，各書稱引有作《古文奇字》，有誤作《詔定古文尚書》《史記正義·序例》説"衛宏《官書》數體"，也是《古今字》一類的書。《隋志》還有《古文奇字》一卷，後漢太子中庶子郭顯卿撰。《唐書·藝文志》和《一切經音義》俱作郭訓，訓大概是顯卿的名。可見這類輯集的工作，漢時狠盛行。

自許慎的《説文》兼采古籀，晋吕忱作《字林》，又有增益。魏、晋以後的字書韵書也都有附列，不過已改寫隸書，不免錯誤。

早期的古文字的蒐集，除了《史籀》《倉頡》以外，大部分是由古文經來的。六朝以後，古文經漸漸亡佚，後世假造的古文漸漸增多，郭忠恕《汗簡》、夏竦《古文四聲韻》都采集後人所寫的碑刻，如碧落碑、雲臺碑、王惟恭《黄庭經》等。古書，如《山海經》《世本》《周書大傳》等。韵書如祝尚丘韻、義雲切韻、王存乂《切韻》、《唐韻》、《籀韻》等。而且狠多是從隸書改做古文的，其材料的蕪雜，就可想而知了。

從劉原父、歐陽永叔箸録銅器以後，輯集銅器的書狠多。除了《集古録》、《金石録》、《東觀餘論》、《廣川書跋》、《紹興内府古器評》一類只存跋語外，可以分爲兩類。一類有器形的圖，像李公麟的《古器圖》，今佚 吕大臨的《考古圖》，王黼等的《博古圖録》，無名氏的《續考古圖》等。一類只録銘文，像趙明誠的《古器物銘》，《金石録》云"右石本《古器物銘》，余既集録公私所藏三代秦漢諸器款識畧盡，乃除去重複，取其刻畫完好者，得三百餘銘，皆模刻于石。……近世士大夫閒有以古器銘入石者，然往往十得一二，不若余所有之富也"。考翟耆年《籀史》載《古器物銘碑》十五卷，凡商器三卷，周器十卷，秦漢器二卷，今佚。此書爲集録銘文最早者，薛尚功書即由此出。王俅《嘯堂集古録》，薛尚功的《歷代鐘鼎彝器款識法帖》，原爲石刻，盛熙明《法書攷》云："碑在江州，蜀有翻本，字肥，後多一𠀋鼎。"聞尚存全帙，未見，中央研究院所印，僅數葉。又有薛氏手書本，明崇禎朱謀垔刻。又明萬曆萬岳山人刻本、清光緒劉世珩刊本均從傳抄本出。王厚之《鐘鼎款識》等。

夏竦作《古文四聲韻》，在序裡説到"祥符中郡國所上古器，多有科斗文"，他的書就爲了認識古器文字的目的而作，但在書裡還没有采集。宋刻本附有數字，汪本謂是後人所增而删去。元祐壬申七年吕大臨作《考古圖》，後來就有趙九成的《考古圖釋文》。政和中黄伯思曾作《古文韻》，以夏竦所集和趙善繼所廣爲主，益以款識石刻印章等，詳《東觀餘論》但似未傳於世。同時王楚作《鐘鼎篆韻》，到紹興時，薛尚功作《廣鐘鼎篆韻》。晁公武《郡齋讀書志》載《鐘鼎篆韻》七卷，説：

右皇朝薛尚功集，元祐中吕大臨所載，僅數百字，按此即趙九成所集，晁氏誤。政和中王楚所傳亦不過數千字，今是書所録，凡一萬一百二十有五。

盛熙明《法書攷》説："在江州，版内一卷象形奇字，一卷器物名目，五卷韻。"其書明時尚存，今佚。元楊鉤作《增廣鐘鼎篆韻》，今存。

元明以後，這一類的書狠多，但材料只是這些。所存的，像：李登的《摭古遺文》，朱時望的《金石韻府》，一直到清汪立名的《鐘鼎字源》，都不過轉輾裨販而已。

宋以後，刻印的風氣大盛，於是有蒐集古印的譜録。《法書攷》所載，宋元人所集的有《宣和印譜》，楊克一《圖書譜》，即《印格》王厚之《復齋印譜》，顔叔夜《古印譜》，姜夔《集古印譜》，吾衍《古印文》，趙孟頫《印文》等。今俱不存，惟《説郛》有王厚之《漢晋印章圖譜》。元明閒印譜愈多，至清初已有二三十種。清康熙時閔齊伋作《六書通》，常采用印文，後來不通字學的摹印家，往往據以刻印，其實此書體例蕪雜，真假混殽，一無足取。嘉慶時袁日省作《漢印分韻》，謝景卿作《續集漢印分韵》，桂馥作《繆篆分韻》，都專集古印文字，比宋以來别的古文字書，較爲精碻。

清高宗勑撰《西清古鑑》、《寧壽鑑古》等四書，當時雖只刻《古鑑》，而且流傳未廣，但臣下確受狠大的影響。嘉慶元年，錢坫刻他所箸的《十六長樂堂古器款識考》，九年，阮元刻所輯的《積古齋鐘鼎彝器款識》，搜集銅器的書於是乎大盛。西清四鑑是取法於《博古圖》的，阮書是有意續薛的，錢書以己所藏爲限，和《先秦古器記》的性質相類。後來想續阮書的狠多，像《敬吾心室彝器款識》，朱善旂《從古堂款識學》，徐同柏《筠清館金文》，吳榮光《攈古録金文》，吳式芬《綴遺齋彝器款識攷釋》，方濬益《愙齋集古録》，吳大澂《鬱華閣金文》盛昱等是。專輯自藏的大抵兼器形，像曹載奎的《懷米山房吉金圖》，劉喜海的《長安獲古編》，吳雲的《兩罍軒彝器圖釋》，潘祖蔭的《攀古樓彝器款識》，端方的《陶齋吉金録》，丁麟年的《移林館吉金圖識》等，都是這樣，只劉喜海的《清愛堂鐘鼎彝器款識法帖》無器形，《簠齋吉金録》乃後人所輯，亦無器形。是例外。吳大澂的《恆軒所見所藏吉金録》，兼采别人所藏，也是一個變例。

嘉慶時嚴可均作《説文翼》十五篇，輯鐘鼎拓本，用《説文》來編次，這是一個狠重要的變革，脱離了夏竦以後用韻編次的窠臼，而復回到《汗簡》以前的方法。此書原稿據聞尚在，可惜未刊行。同時莊述祖作《説文古籀疏證》，今存殘稿。據他的條例説，原意要編彝器文爲一卷而所得拓本狠少，大都從橅本，不狠可信。又莊氏想自立系統來代替《説文》，所以不是搜集材料的性質。書中所采材料，也極蕪亂。

乾嘉以後，古器物學大盛。印譜方面約六七十種，較箸的有高慶齡的《齊魯古印攈》、郭申堂的《續齊魯古印攈》、吳大澂的《十六金符齋印譜》等，陳介祺的《十鐘山房印舉》，所收最爲繁富。封泥有吳式芬、陳介祺合輯的《封泥考畧》。錢幣方面，箸述狠多，搜羅最備的要算李佐賢的《古泉匯》，和李與鮑康同編的《續泉匯》。古陶最後出，陳介祺所藏狠多，但只有拓本，没有輯録成書。雍邑刻石，張燕昌曾據天一閣宋拓，校改刊石，後阮元曾重刻。

在這個環境裡面，吳大澂輯成他的名箸《説文古籀補》，這是以銅器文字爲主，兼采雍邑刻石、古幣、古鉨、古陶器等文字而成的。全書所輯，大都據拓本，與以前的材料書全是轉輾裨販的不同，所以當時就有盛名。後來依傍此書體例的有丁佛言的《説文古籀補補》，強運開的《説文古籀三補》。

自殷虛卜辭發現以後，王懿榮最先蒐集，王氏死後，大部分歸劉鶚，劉氏又繼續蒐集，光緒二十九年印行《鐵雲藏龜》，所收凡一千片。羅振玉繼劉氏之後，蒐輯更多，有《殷虛書契前編》《殷虛書契菁華》《殷虛書契續編》。劉氏所藏後來散佚，各家所輯的有羅氏的《鐵雲藏龜之餘》，姬覺彌的《戬壽堂殷虛文字》，葉玉森的《鐵雲藏龜拾遺》。此外，日本各家所藏的，有林泰輔所輯的《龜甲獸骨文字》，王襄所藏的有他所輯的《簠室殷契徵文》，燕京大學所藏的有容庚所輯的《殷栔卜辭》，河南博物館所藏的有關百益的《殷虛文字存真》，蒐集各家拓本的有商承祚的《殷栔佚存》和羅振玉《殷虛書契續編》。坎拿大人明義士所藏，曾輯《殷虛卜辭》，是摹寫的，後又得甲骨狠多，尚未印行。中央研究院，在安陽所發掘的，除了零星發表外，只有第一次所得，經董作賓摹爲《新獲卜辭寫本》。英人庫全英、美人方法斂所藏，有方氏所摹的《庫方二氏藏甲骨卜辭》，但書中頗多贋品。

銅器方面，羅振玉捜集狠力。他自己所藏有《夢郼草堂吉金圖》、《貞松堂吉金圖》。閩陳氏所藏有孫壯的《澄秋館吉金圖》。古物陳列所所藏有容庚的《寶蘊樓彝器圖録》和《武英殿彝器圖録》。河南博物館所藏有關百益的《新鄭古器圖録》，容庚所藏有《頌齋吉金圖録》，于省吾所藏有《雙劍誃吉金圖録》，劉體智所藏有《善齋吉金録》，此書兼録鉨印錢幣等，容庚有《善齋彝器圖録》，專收銅器。此外，捜集各家所藏的，有商承祚的《十二家吉金圖録》，黄濬的《尊古齋所見吉金圖》，容庚的《海外吉金録》等。

專録拓本的，有《殷文存》和《秦金石刻辭》，並羅振玉輯。鄒安的《周金文存》，本也是羅氏的計畫，但鄒書真僞雜出，羅甚不憙，所以羅福頤編的《金文箸録表》不列鄒書。羅氏後又輯《貞松堂集古遺文》，又有《補遺》和《續編》，可惜都是摹印，揔不如景印拓本。此外，順續羅書的有王辰的《續殷文存》。和羅書體例相近的有容庚的《秦漢金文録》。又劉體智所輯《小校經閣金文》，材料狠豐富。

璽印的捜集，在這時期裡還狠注意，劉鐵雲、羅振玉以下，到商承祚等所輯不下三十種。封泥有劉鶚《鐵雲藏封泥》、羅振玉《齊魯封泥集存》、周明泰《續封泥考畧》等。專輯古鉨的書，有黄濬的《尊古齋古鉨集林》。

匋器和錢幣，箸録較少。匋器自《鐵雲藏匋》後，有吳隱的《遯庵古陶存》、太田孝太郎的《夢庵藏匋》、王獻唐的《鄒滕古匋文字》等。周進藏匋狠多，惜未印行。錢幣拓本，印行的只有戴熙的《古泉叢話》、王錫棨的《泉貨彙考》、江標的《古泉拓存》、王懿榮的《古泉精選》等。

石刻方面，雍邑刻石的中權後勁兩本，和泰山刻石，均已有景印本。容庚有《古石刻零拾》的輯集。三體石經有陳乃乾輯本，但所闕狠多。西陲木簡方面，已發表的有羅振玉、王國維的《流沙墜簡》，張鳳的《漢晋西陲木簡彙編》。

在這時期裡，編集文字的書，可以分爲兩類，還有繼承《古籀補》一類已見上文。第一類是把各種古器文字分別捜集，羅振玉最主張此説。《金文編序》説：

> 中丞指吳大澂既備采古禮器文字，復益以古貨幣、古匋鉨，然稽其時代，雖均屬先秦，而論其書體，則因所施而各異。文多省變，可識者寡。今考證古籀，宜專采之彝器，貨幣匋鉨，宜爲别録。

所以這一派的編集，如王襄的《簠室殷契類纂》，商承祚的《殷虚文字類編》，朱芳圃的《甲骨學文字篇》，孫海波的《甲骨文編》，容庚的《金文編》、《金文續編》，羅福頤的《璽印文字徵》，顧廷龍的《古匋文孴録》等，均限於一部分材料。商承祚還有《石刻篆文編》，但未印行。

另一類是用各種材料混合編集的，如日人高田忠周所編的《朝陽閣字鑑》和《古籀篇》，材料蕪雜，無足取。徐文鏡的《古籀彙編》，集《鐘鼎字源》、《説文古籀補》、《説文古籀補補》、《金文編》、《古鉨文字徵》、《殷虚文字類編》六書的正編，删去附録，尚便於初學的查檢。

關於古文字的材料，至今没有箸録過的狠多，一方面，新出的材料，隨時都有增加，蒐集材料編集字書的兩種工作，還有狠大的發展，是無疑的。將來的工作，應當更注意到時代和地域的區别，華學涑曾輯過一本《秦書集存》，雖不狠精善，但我們不妨用這體例去編些精善的字書，於古文字的研究，將有更多便利。

三、古文字學小史

甲　文字學的起原

文字雖用以代表語言，但牠的本身是形體，形體是由繪畫來的。語言的聲音和文字的形體，最初是諧合的，見了形體，就可以明瞭牠們所代表的語言。日子一多，可就不然了。聲音形體，在歧路上分手，各自走上變化的新路，愈走隔離得愈遠。每個文字，所代表的語言，往往不是原來的意義，而從牠們的新形體裡，也大都看不出制字的本義。於是，每個文字爲什麽要這樣寫的研究，就發生了，這種研究，就是文字學。

文字學的萌芽，大概在周代。《爾雅》據説是周公所做，雖無確証，但蟲魚鳥獸艸木的正名，狠多形聲字，確像是一個時期所創造的，而這個時期當在周初。又《史籀篇》據説是周宣王時太史籀所作，王國維却以爲是六國時西方通行的文字，但由所存的遺字看來，王説大概是錯的，這種文字，至遲也當在春秋前期。

春秋時解説文字的風氣狠盛，《左傳》宣公十二年，楚莊王説“夫文止戈爲武”，十五年，伯宗説“故文反正爲乏”，昭公元年，醫和説“於文皿蟲爲蠱”，已都由形體方面去剖析了。到六國時，學者閒對於文字都狠注意，因爲那時的文字，混亂太甚，就引起了“書同文”的思想。那時盛行倉頡作書的傳説，作書的時候，當然得有理由，《韓子·五蠹》説“倉頡之作書也，自環者謂之私，當作厶背私謂之公”，此類解説，在當時大概狠多，因而文字構造的理論也有了。《周禮·保氏》有“六書”，《周禮》是六國時人做的，可見那時的解釋文字，已有系統了。

秦併天下後，學者們“同文字”的理想，居然達到了。他們創作小篆來替代大篆，這確是有規律的改革。李斯作《倉頡篇》，趙高作《爰歷篇》，胡毋敬作《博學篇》，都是用小篆寫成的。

“秦書有八體，一曰大篆，二曰小篆，三曰刻符，四曰蟲書，五曰摹印，六曰署書，七曰殳書，八曰隸書”，《漢書·藝文志》有《八體六技》一書，六技大概就是保氏的六書，八體是字體的區別，六技是造字的技術。前人以爲六技是王莽時六書，是錯誤的。《八體六技》應當是漢以前的遺書，所以《藝文志》的次序，在《史籀篇》後，《倉頡篇》前。而且漢人把六國文字叫做古文、奇字，不會知道秦書有幾體的。《尉律》説“以八體試之”，當是蕭何承秦律而作，不是漢時有此八體。

乙　漢代的文字學

漢初，通行的字書，是合併了《爰歷》《博學》的《倉頡篇》，那時的人都喜歡摹仿牠，像司馬相如的《凡將篇》，史游的《急就篇》，李長的《元尚篇》，都是。後平帝時，徵爰禮等百餘人，説文字未央廷中，“楊雄取其有用者以作《訓纂篇》，順續《倉頡》”，這類字書的編集，到東漢時還狠流行。

自然，這種字書，都是把日用的文字，編成文句，以便記憶，是不能稱爲文字學的。但牠們和文字學的發展，却狠有關係。宣帝時，因爲“《倉頡》多古字，俗師失其讀，徵齊人能正讀者，張敞從受之”。敞傳子吉，吉傳敞的外孫杜鄴，鄴傳子林和張吉子竦。杜林做《倉頡故》和《倉頡訓纂》，他的“正文字，過於鄴、竦”，所以，《漢書》説“世言小學自杜公”。

由張敞好古文字，釋尸臣鼎的銘，通《倉頡篇》的讀，開了研究文字的風氣，到平帝時，通小學的人，已有百數，箸名的學者有杜鄴、爰禮、秦近、楊雄等，古文字已成一時的風尚。湊巧成帝以後，劉向校中秘書，發見了古文經在字句方面，較之通行本，優點狠多。他的兒子劉歆又十分喜歡《周禮》、《左傳》、《毛詩》等，替古文經學刱立了家法，並且，一度立於學官，由此，古文經學大盛，和舊時的今文經學相抗了。

古文經是用六國文字寫的，所以王莽時有六書，一曰古文，二曰奇字，三曰篆書，四曰佐書，五曰繆篆，六曰鳥蟲書，古文是孔子壁中書，奇字即古文而異者，可見因古文經學的發展，這一類的古文字，也被重視了。杜林寶藏着一卷漆書的古文《尚書》，他的弟子衛宏做《詔定古文官書》，六國古文是那時小學家必須研究的材料了。

但是，一般頑固的今文經學者，和俗儒，竭力反對古文經學，並且不信古文字。許叔重在《説文・序》裡説到壁中書和鼎彝的銘相似，下面又説：

> 而世人大共非訾，以爲好奇者也。故詭更正文，鄉壁虚造不可知之書，變亂常行，以燿於世。諸生競釋字解經誼，稱秦之隸書爲倉頡時書，云父子相傳，何得改易。乃猥云，“馬頭人爲長”、“人持十爲斗”、“虫者屈中也”，廷尉説律，至以字斷法，“苛人受錢，苛之字止句當作可也”。若此者甚衆。皆不合孔氏古文，謬於《史籀》。俗儒啚夫翫其所習，蔽所希聞，不見通學，未嘗覩字例之條，怪舊埶而善野言，以其所知爲祕妙，究洞聖人之微恉。又見《倉頡篇》中“幼子承詔”，因號古帝之所作也，其辭有神仙之術焉。其迷誤不諭，豈不悖哉。

可以看見這一派人的意見。

那時候，一班通人，像爰禮、楊雄、劉歆、杜林、賈逵、衛宏、徐巡、桑欽等，大都通古文字，喜歡古文經學，而對方今文經學的末流，所謂俗儒啚夫，瞧見古文經學將要盛行，因而作最後的掙扎，造出許多讖緯，託爲孔子所作，用以抵抗古文經家。

緯書裡幾乎包括盡當時今文學家所有的常識如天文、地理、厤律、數學、小學等。在小學方面，他們所解釋的只是隸書，這種學説，現在還存留的，像：

士垂一人詰曲折著爲廷。示戴尸首，以寸者爲言寸度治分數之法，示惟尸稽于寸舍則法有分，故爲尉，示與尸寸。

刑字從刀從井，井以飲人，人入井争水，陷於泉，以刀守之，割其情，欲人畏慎以全命也。

罔言爲詈，刀詈爲罰。

二人爲仁。

屈中挾一而起者爲史。

土力于乙者爲地。

兩口銜士爲喜，喜得明。心喜者爲憙，憙天心。

四合其一。按此説日字。

十從一爲土。

兩人交一以中出者爲水，兩人譬男女，言陰陽交物以一起也。

人散二者爲火也。

八推十者木。以上並《春秋元命苞》

蟲動於凡中者爲風。

虫之爲言屈中也。並《春秋考異郵》

一大爲天。

日生爲星。

士力於一者爲地。

禾八米爲黍。

西米爲粟。西者金所立，米者陽精，故西字合米而爲粟。以上並《春秋説題辭》

此外像卯金刀的劉字，尤爲習見。

在這種鄙妄的字説裡，可以看見今文經家的不學無術，和古文經家所以能代興的緣故了。古文經家不但相信古文字，並且闡明文字構造的理論。《保氏》只説六書，六書是什麽，却没有説到，班固的《藝文志》才説："謂象形、象事、象意、象聲、轉注、假借，造字之本也。"《蓺文志》本於劉歆《七畧》，劉説的來源，大概是《八體六技》。後來鄭衆做《周禮注》，許慎做《説文解字序》，所説畧同，鄭衆是鄭興子，許慎是賈護的再傳弟子，而興、護同是劉歆的弟子，可見這種理論是古文經學家才開始應用的。張懷瓘《書斷》於古文條引《孝經援神契》"奎主文章"語，下云"倉頡文字者，總而爲言，包意以名事也。分而爲意，則文者祖父，字者子孫。得之自然，備其文理，象形之屬則謂之文。因而滋蔓，母子相生，形聲會意之屬則謂之字。字者言孳乳浸多也。題於竹帛謂之書，書者如也，舒也，紀也"。都是張氏的話，前人以爲也是《援神契》所説的話，大誤。

古文經學家既有了六書的理論、《史籀篇》、古文經傳、《倉頡》《訓纂》等材料，目睹俗説的流行，自然不得不去設法矯正了。於是五經無雙的許叔重采篆文，合古籀，博采通人，考於賈逵，作《説文解字》十四篇，綴録一萬餘字，《序》云“九千三百五十三文，重一千一百六十三”。今大徐本九千四百三十一文，重一千二百七十九。爲五百四十部。《自序》説：

> 其建首也，立一爲耑。方以類聚，物以羣分，同條牽屬，共理相貫。雜而不越，據形系聯。引而申之，以究萬原。畢終於亥，知化窮冥。

這是他的條例。本來《倉頡》、《凡將》、《急就》等篇都把偏旁相近的字，聚在一起，到了《説文》裡更嚴格了，把所有的文字，找出五百四十個單位來立做部首，每一部首統率若干同偏旁的字，所謂“分别部居，不相雜厠”，於是這一萬多字，有了駕馭的方法了。在部首與部首之間，據形系聯，始一終亥，自成系統。在每部裡，字的先後，也都有次序。在説解方面，原本經傳，博采通人，每字求其本義。自六書説産生以後，這實是偉大而成功的箸作。

漢魏以前的小學書，像《爾雅》、《史籀》、《倉頡》、《方言》、《釋名》、《聲類》等，都屬於訓詁聲音方面，只有《説文》是專主字體的，所以，在漢末已很盛行，鄭玄注《禮》，已見引用。《周禮·考工記》注引“鋝，鍰也”。《禮記·雜記》注引“有輻曰輪，無輻曰輇”二句。魏晋以後，一直到現代，這部書就成爲文字學上惟一的經典。

用現代的眼光去看《説文》，當然有許多可指摘的地方。許氏所據的材料，只有籀、古、篆，比隸書固然好多了，但用商及周初的文字來比較，便又遠遜。許多文字在東周以後，變化狠大，已經無從知道本義。所以分部的錯誤，説解的穿鑿附會，都是免不了的。可是一直到現在没有一部較牠更好的箸作，《爾雅》雖是經，在文字學史上，也遠不如牠的偉大。並且因牠保存的材料，可以做研究商周文字的梯階，在將來的文字學上，也還有重要的價值。

丙　魏晋六朝的文字學

魏晋以後，小學方面，分爲三科。講訓詁的有《倉》《雅》之學，《倉》是合《倉頡》、《訓纂》、《滂喜》的《三倉》，《雅》是《爾雅》，魏張揖作《埤倉》和《廣雅》，晋郭璞作《方言注》、《三倉注》，《新唐書・藝文志》有張揖《三倉訓詁》，三卷，疑誤。又承樊光、李巡、孫炎、犍爲舍人等而作《爾雅注》、《音義》、《圖讚》，張、郭以後，這一派便狠式微。聲韵之學，由漢末開始發展。孫炎作《爾雅音義》，才有反切，到魏時有李登《聲類》，晋時有吕静《韻集》。後來音義和韻書都狠盛，到隋時有陸德明的《經典釋文》和陸法言的《切韻》。字體方面，晋吕忱作《字林》，江式説他附託《説文》，"按偶章句，隱别古籀奇惑之字，文得正隸，不差篆意"。封氏《聞見記》説："亦五百四十部，凡一萬二千八百二十四字，諸部皆依《説文》，《説文》所無，皆吕忱所益。"張懷瓘《書斷》説："《字林》則《説文》之流，小篆之工，亦叔重之亞也。"梁顧野王作《玉篇》三十卷，凡一萬六千九百一十七字，此據《聞見記》，今本《玉篇》凡二萬二千七百餘字。

五百四十二部，部目次序，都和《説文》畧異。又用隸書爲主，雖以形體分部，但於每字的形體不狠注意，只廣徵傳注和字書的解釋，所以面貌上雖是屬於形體的，實際却只是訓詁書。又後魏陽承慶作《字統》二十卷，一萬三千七百三十四字，其書已佚，由各家所引的遺文看來，和許、吕的書還相近，但像：

窳懶人不能自起。瓜瓠在地，不能自立，故字從瓜。又嬾人恆在室中，故從穴。玄應《音義》

稱甲立於左者卑也。

販，買之賤，賣之貴，朝買而夕賣。按此釋從反之意。

以鼻就臭曰齅。

蚊，按當作𧖅齧人飛蟲，以昏時而出。

女七月生齒，七歲而齔，男八月生齒，八歲而齔也。

反可爲叵。並慧琳《音義》

笑，從竹從夭，竹爲樂器，君子樂然後笑。《九經字樣》

規，丈夫識用，必合規矩，故規從夫也。

麤，警防也。鹿之性相背而食，慮人獸之害也，故從三鹿。

衍，水朝宗於海，故從水行。並《廣韻》

便，人有不善，更之則安，故從更，從人。

《集韻》

朱衣曰袾。《龍龕手鑑》

都偏於會意，已開王安石《字説》的風气了。奥字，《字統》以爲從宀粦聲，粦音弓六反，下從廾，上從古文六字，而以從米作奥者爲非，可見在形聲方面，也都和《説文》不同。隋曹憲、諸葛穎等撰《桂苑珠叢》一百卷，今亦不傳，書的體例或和《玉篇》相近。又《七録》有《演説文》一卷，庾儼默注《隋志》有《説文音隱》四卷；又《字林音義》五卷，宋揚州督護吳恭譔。

漢末以後，隸書盛行，新出俗體狠多。六朝碑誌造像裡，數不勝數。江式《表》説：

> 世易風移，文字改變，篆形謬錯，隸體失真。俗學鄙習，復加虛造，巧談辨士，以意爲疑，炫惑于時，難以釐改。乃曰："追來爲歸。巧言爲辯。小兔爲䨲。神虫爲蠶。"如斯甚衆。皆不合孔氏古書、史籀大篆、許氏《説文》、石經三字也。凡所關古，莫不惆悵焉。

魏世祖始光元年還曾頒行新字千餘。在這種環境裡，文字學當然受影響，葛洪的《字苑》收影字，王義的《小學》收陣字。好古文字的學者，像李鉉、顔之推、趙文深等，只有依傍《説文》《字林》來糾正乖謬而已。

丁　唐至宋初的文字學

唐初還承六朝的遺風，武后時有《字海》一百卷，當亦《珠叢》之類。《唐書》紀武后造十二字，曌照，𠑺天，埊地，𡆸日，𡝕月，〇星，𠺞君，𢘑臣，𡕀載，𡔈初，𠡦年，𠙺正。此外還有圀國，𤯔人，𨲟證，𨲢聖，𥠢授等字。當時狠盛行。其實天、日等字是有所本的，後人不明隸古，就一律歸於武氏了。

唐代立書學博士，以三體石經、《説文》、《字林》，來教學生，也用以考試，但這只是歷史的研究，那時人所苦的，是隸體的不定，所以學者多致力這一方面。唐初顔師古就作《字樣》，又有杜延業的《羣書新定字樣》，顔元孫有《干禄字書》，歐陽融有《經典分毫正字》。開元二十三年，玄宗撰《開元文字音義》，自序説：

> 古文字，唯《説文》《字林》，最有品式。因備所遺缺，首定隸書，次存篆字，凡三百二十部，合爲三十卷。

據林罕説，“隸體自此始定”。後張參作《五經文字》，唐玄度作《九經字樣》，都專爲正經字的隸體而設。

在這時期裡，只有李陽冰是特出的。徐鉉等《進説文表》説：

> 唐大曆中李陽冰篆迹殊絶，獨冠古今。自云

"斯翁之後，直至小生"，此言爲不妄矣。於是刊定《說文》，修正筆法，學者師慕，篆籀中興。然頗排斥許氏，自爲臆說。夫以師心之見，破先儒之祖述，豈聖人之意乎？今之爲字學者，亦多從陽冰之新義，所謂貴耳賤目也。

林罕《小說》的《序》說：

唐將作少監李陽冰就許氏《說文》復加刊正，作三十卷，今之所行者是也。

李氏是許慎的後繼，二徐的前驅，那時，"傳寫《說文》者，皆非其人，錯亂遺脫，不可盡究"，他由篆書家來刊定修正，於《說文》學的復興，不無功績，所以，在宋以前狠流行。但二徐都反對他，徐鍇的《袪妄篇》是專攻擊他的說法的。其實，他所說也有長處，像：

木象木之形，木者五行之一，豈取象於屮乎。

日，古人正圜，像日形，其中一點，象烏，非口一，蓋籀方其外，引其點耳。

不能說是誣妄。

賈耽鎮滑州的時候，見李氏所篆《新驛記》，歎其精絕，就命李氏的姪騰，集《說文》的目録五百餘字刊石，名爲

《説文字原》，也叫做《偏旁字源》，耿替他做序。

五代時蜀林罕據李陽冰重定《説文》，用隸書解於篆字下，名爲《集解》。又撮取偏旁五百四十一字，作《字原偏旁小説》，手書刻石。郭忠恕説：

> 按《説文字源》唯有五百四十部，子部合收在子部，今目録妄有更改。又《集解》中誤收去部在注中，今點檢偏旁，少晶、惢、至、龜、弦五字，故知林氏虚誕誤後進，其《小説》可焚。

又晁公武説：

> ……以《説文》部居隨字出文，以定偏旁，其説頗與許慎不同，而互有得失。邵必緣進《禮記》石經陛對，仁宗顧問："罕之書如何?"必曰："雖有所長而微好怪。《説文》歸字從𠂤，從止，從帚，以𠂤爲聲，罕云從追，於聲爲近，此長於許氏矣。《説文》哭從吅從獄省，罕乃云：象犬嗥，此怪也。"有石刻在成都，公武嘗從數友就觀之，其解字殊可駭笑者，不疑好怪之論誠然。

可見林氏好怪，所以其書不能盛行。此外郭忠恕曾寫過一本小字《説文字源》，見《集古録》今不傳。夢瑛所寫的《字原》，錯誤狠多。

五代時文字學者爲二徐、郭、林，四人，林氏承李陽冰一派，喜刱新説。郭氏有《汗簡》、《佩觿》，狠博雜。只有二徐耑治《説文》。小徐作《説文繫傳》、《説文韻譜》，大徐和句中正等校定《説文》，都有功於《説文》之學。二徐攻擊陽冰，但他們對於形聲相從的條例，不狠清楚，所以錯誤謬妄也不少。

這一個時期是文字學中興時代，李陽冰、徐鉉、徐鍇三人整理《説文》的功績，在文字學史上，是永遠不會被人忘記的。

戊　宋元人的文字學革新運動

宋以後，文字學定於一尊，要明文字源流，只有讀徐鉉等所校的《説文》了。《説文》裡的文字，大部分是形聲，許叔重只説從某聲，而没有説爲什麼從某聲，這是一個缺點。王安石於是作《字説》，《自序》説：

> 文者奇偶剛柔，雜比以相承，如天地之文，故謂之文。字者始於一二而生生至於無窮，如母之字子，故謂之字。其聲之抑揚閉塞合散出入，其形之横從曲直邪正上下内外左右，皆有義，皆本於自然，非人私智所能爲也。……余讀許慎《説文》而於書之義時有所悟，因序録其説爲二十卷，以與門人所推經義附之。惜乎先王之文缺已久，慎所記不具，又多舛，而以余之淺陋考之，且有所不合。……

他的書是用韵編次的，文字形體依《説文》，而解説多出杜撰，例如：

> 伶，非能自樂也，非能與衆樂樂也，爲人所令而已。
>
> 戍則操戈，役則執殳。並見《甕牖閒評》

把一切文字都歸於會意。這本是錯誤的，但因他在那時政治上的地位，主司用此取士，學子也不敢不習，所以曾盛行一時。唐耜作《字説解》一百二十卷，而陸佃、羅願等所箸的書裡也都引他的新説。反對他的人説他"揉雜釋老，穿鑿破碎，聾瞽學者"，楊時作《字説辨》，攻擊最力。陸游跋説：

> 《字説》凡有數本，蓋先後之異，猶非定本也。葉適《石林燕語》曰：凡字不爲無義。但古之制字，不專主義，或聲或形，其類不一。先王畧别之，以爲六書，而謂之小學者，自是專門一家之學，其微處遽未易盡通。又更篆隸損益，必多乖失。許慎之《説文》，但據東漢所存，以偏旁類次，其造字之本，初未嘗深究也。王氏見字多有義，遂一槩以義取之，雖六書且不問矣，況所謂小學之專門者乎。是以每至於穿鑿附會，有一字析爲三四文者，古書豈如是煩碎哉。學者所以閧然起而交詆，誠不爲無罪，然遂謂之皆無足取，則過也。

而王氏書終於不傳，他想比《説文》更深一層的工作，終於是失敗了。

同時王聖美創右文説，如水類，其左皆從水，所謂右文，如戔小也，水之小者曰淺，金之小者曰錢，貝之小者曰賤，皆以戔爲義詳《夢溪筆談》，但没有成書，説亦未行。用這方法來解説形聲字，確較王荆公爲優，但右文的名稱，也是錯誤的。

由《字説》的反響，張有作《復古篇》專主《説文》，用以辨别俗字。南渡初，李燾作《説文解字五音韻譜》，這都還是墨守《説文》的。

但革新的運動，終於勃發。這種進步，是兩方面的，一方面是六書説的重新研究，另一方面則是銅器上古文字的發現，本來，在宋初，所謂古文字，除了《説文》，只有《汗簡》一類的材料，夏竦《古文四聲韻·序》説：

> 《尚書正義》曰：科斗書古文也。所謂倉頡本體，周所用之，以今所不識，是古人所爲，故名古文。形多頭麤尾細，腹狀團圓，似水蟲之科斗也。《漢書·藝文志》載《孝經》古孔氏一篇，二十二章，學之者鮮矣。兩漢而下，蔡中郎刻石經，杜伯山得漆書古文《尚書》一卷，獨寶愛之。又汲郡安釐王冢壞，得竹策古文《春秋》書楚事者最精。晉、魏以降，隸習殆絶。唐貞元中，李陽氷子開封令服之有家傳古《孝經》及漢衛宏《官書》兩部合一卷，

授之韓愈，愈識歸公，歸公好古能解之，因遺歸公。又有自項羽妾墓中得古文《孝經》，亦云渭上耕者所獲。其次有右補闕衛包勒修《三方記》於雲臺觀，瞿令問刻《窊罇銘》於營道，及司馬天師漆書《道德經》上下篇幢，龍德中羅浮道士厲山木重寫其本，藏之天台玉霄藏。聖宋有天下，四海會同，太學博士、周之宗正丞郭忠恕首編《汗簡》，究古文之根本，文館學士句中正刻《孝經》，字體精博，西臺李建中總貫此學，頗爲該洽，翰林少府監丞王惟恭寫讀古文，筆力尤善，殆今好事者傳識古文科斗字也。臣逮事先聖，久備史官，祥符中郡國所上古器，多有科斗文字，深懼顧問不通，以忝厥職，繇是師資先達，博訪遺逸，斷碑蠹簡，搜求殆徧，積年踰紀，篆籀方該，自嗟其勞，慮有散墜，遂集前後所獲古體文字，準唐《切韻》分爲四聲，庶令後學易於討閱。

對於那時所謂古文之學，敘述得狠詳細，但除了古文經以外，材料實在是太貧乏了。夏竦本意是集録這些材料以備研究鐘鼎文字，但結果這些材料，大抵不能用。吾邱衍《學古編》説：

韻内所載字，多云某人集字，初無出處，不可遽信。且又不與三代款識相合，不若勿用。

熊朋來《廣鐘鼎篆韻》序說：

> 于時器款未備，其閒鐘鼎字文缺畧，頗泛取俗書以備奇字。

可見鐘鼎款識增多以後，這種材料就成爲筌蹄了。

鐘鼎款識既多，相互比較，就可以認出一部分的字。皇祐以後，像楊南仲、章友直、劉原父、蔡君謨等都好識鐘鼎文字，而以楊爲最，所釋多有根據。《考古圖釋文》引楊說狠多。《釋文》說：

> 古文，……其傳於今者，有古《尚書》、《孝經》、陳倉石鼓，及郭氏《汗簡》、夏氏集韻等書，尚可參攷。然以今所圖古器銘識考其文義，不獨與小篆有異，而有同是一器，同是一字，而筆畫多寡、偏旁位置左右上下不一者，如伯百父敦之百字一作，一作，寶字一作，一作，蘄字一作，一作。叔高父簋蓋底皆有銘，其簋字一作，一作，晋姜鼎之作字，一作，一作。其異器者，如彝、尊、壽、萬等字，器器筆畫皆有小異，乃知古字未必同文，至秦既有省改以就一律，故古文筆畫，非小篆所能該也。然則古文有傳于今者，既可考其三四，其餘或以形象得之，如爲

> 射、爲丁、爲壺、爲鬲、爲車之類；或以義類得之，如爲慮、爲婦之類；或筆畫省於小篆，如作惟、立作位之類；或筆畫多於小篆，如作萬小篆乃邁字、作受、作秦、作邾之類；或左右反正，上下不同，如皆作永、皆作福、皆作姜、皆作姬之類，有部居可别而音讀無傳者，如作盭、作盨之類，又可考其六七。

對於認識古文字的方法，説得非凡清楚，這確是文字學的一大進步，只可惜後來的學者，只會集篆韻，而不能在文字學的研究方面，再進一步。

六書的解釋，和應用，自許叔重後，可稱絶學。唐裴務齊《切韻》於轉注創考字左廻、老字右轉之説，爲郭忠恕、徐鍇所駁斥。徐鍇《説文繫傳》在上字注裡，對六書解釋狠詳。但他並没有把每一個字，用六書來分析過，所以還只是些空洞的理論。

脱離《説文》部次的束縛，專由六書説去研究，創始於鄭樵。他曾做過一本《象類書》，《玉海》説：

> 《象類書》十一卷，論文字象類，謂獨體爲文，合體爲字，文有八象，字有六類，八象不至，則有

> 假借之文，六類不及，則有叚借之字。又論梵書三卷。

《象類書》今佚，在他所箸的《通志・六書畧》裡，開頭有一篇《六書序》說：

> 小學之義，第一當識子母之相生，第二，當識文字之有間。象形，指事，文也；會意，諧聲，轉注，字也；假借，文字俱也。象形指事一也，象形别出爲指事；諧聲轉注一也，諧聲别出爲轉注；二母爲會意，一子一母爲諧聲。六書也者，象形爲本，形不可象，則屬諸事，事不可指，則屬諸意，意不可會，則屬諸聲，聲則無不諧矣，五不足而後叚借生焉。一曰象形，而象形之别有十種，有天物之形，有山川之形，有井邑之形，有艸木之形，有人物之形，有鳥獸之形，有蟲魚之形，有鬼物之形，有器用之形，有服飾之形，是象形也。推象形之類，則有象貌，象數，象位，象气，象聲，象屬，是六象也，與象形並生而統以象形。又有象形而兼諧聲者，則曰形兼聲；有象形而兼會意者，則曰形兼意。十形猶子姓也，六象猶適庶也，兼聲兼意猶姻娅也。二曰指事，指事之别，有兼諧聲者，則曰事兼聲；有兼象形者，則曰事兼形；有兼會意者，則曰事兼意。三曰會意，二母之合，有義無聲。四曰轉注，

別聲與義，故有建類主義，亦有建類主聲，有互體別聲，亦有互體別義。五曰諧聲，母主形子主聲者，諧聲之義也。然有子母同聲者，有母主聲者，有主聲不主義者，有子母互爲聲者，有三體主聲者。有諧聲而兼會意者，則曰聲兼意。六曰叚借，不離音義，有同音借義，有借同音不借義，有協音借義，有借協音不借義，有因義借音，有因借而借，有語辭之借，有五音之借，有三詩之借，有十日之借，有十二辰之借，有方言之借。六書之道，備於此矣。臣舊有《象類》之書，極深研幾，盡制作之妙義。奈何小學不傳已久，見者不無疑駭。今取象類之義，約而歸於六書，使天下文字無所逃，而有目者可以盡曉。

又《論子母》篇說：

臣舊作《象類書》，捴三百三十母爲形之主，八百七十子爲聲之主，合千二百文而成無窮之字。許氏作《説文》，定五百四十類爲字之母，然母能生而子不能生，今《説文》誤以子爲母者，二百一十類。且如《説文》有句類，生拘，生鉤；有卤類，生㮚，生粟；有半類，生胖，生叛；有菐類，生僕，生䑑；據拘當入手類，鉤當入金類，則句爲虛設；㮚當入木類，粟當入米類，則卤爲虛設；胖當入肉類，叛當入反類，則半爲虚設；僕當入人類，蹼當入臣類，則菐爲虚設；蓋句也，卤也，半也，菐也，皆子也，子不能生，是爲虚設，此臣所以去其二百十，而取其三百三十也。

從這兩節裡，可以看見《象類書》的大概了。他還做過一本《六書證篇》，《六書畧》的《論一二之所生》説：

臣《六書證篇》，實本《説文》而作，凡許氏是者從之，非者違之。其同乎許氏者，因畫成文，文必有説，因文成字，字必有解。其異乎許氏者，每篇揔文字之成，而證以六書之義，故曰《六書證篇》。然許氏多虚言，《證篇》惟實義，許氏所説多滯於死，《證篇》所説獨得其生。蓋許氏之義，箸於簡書，而不能離簡書，故謂之死，《證篇》之義，舍簡書之陳迹，能飛行走動，不滯拘一隅，故謂之生。今舉一二之義，爲《説文》之首篇者，可以見矣。《説文》於一則曰“惟初太始，道立於一，造分天地，化成萬物”。故於一之類，則生元，生天，生丕，生吏。然元從上，丕從地，吏從又，皆非一也，惟天從一。《證篇》於一則曰：“一，數也。又象地之形。又象貫物之狀。在上爲一，故生天生百；在中爲貫，故生毌生[illegible]；在下爲地，故生旦生丕；爲貫爲地者無音，以無所麗，則復爲一矣，是以無

> 音。"《説文》於二則曰："二，高也。此古文二，指事也。"故於二之類，則生帝，生旁，生下。然帝本象形，旁則形兼聲，下非從上而與上偶。《證篇》於二則曰："二音貳，又音上，殺上者爲上，殺下者爲下，在物之中者，象編連之形，在物之上下者，象覆載之位。故於二則生竺，生齊；於上則生元，生帝；於下則生丙，生丽；於中則生册，生冄；於上下則生亟，生亘；在中在上下者無音，以自不能成體，必有所麗，是以無音。"此臣所作《證篇》之旨也。

又在《諧聲篇》後説到他的《六書證篇》有二百七十六部，得諧聲字二萬一千三百四十一。

鄭氏在文字學革新運動裡的成績，比王荊公好的多了。他雖排斥《説文》，但是所用的還是許慎的方法，以子之矛攻子之盾，不由人不相信。所以他的説法，後來擁有不少的信徒，大家紛紛去研究六書，清代《説文》學者，因他訾毁許慎而不願意稱道他，但象形兼指事一類的説法，始終没有能跳出他的範圍。

如其把新的眼光重新估量一下，我們將見他所做的工作，雖大部分是失敗的，但並不是無意義的。《説文》裡對於六書，本没有明確的界説，現在經他把每一個字用六書來分析過，六書説的弱點和小篆的不足據，許氏的錯誤，都顯露出來了。他儘管彌縫，因而弄成許多可笑的説法，但他已經把有罅漏的地方，在無意中指給我們了。並且，公允的判斷者，一定會覺得在諧聲字方面，他所修正的分部方法，較之清代墨守許氏的一班《説文》學者高明的多吧。

這種學説，流行得狠快，元時有楊桓的《六書統》，戴侗的《六書故》，周伯琦的《六書正譌》，明初有趙撝謙的《六書本義》，大抵本於鄭氏。後來正統派的許學家對於這一類箸作，狠看不起。

戴侗的書共三十三卷，又《六書通釋》一卷。書内分九類，他説：

> 書始於契，契以紀數，故首數，次二天，次三地，次四人，次五動物，次六植物，次七工事，次八襍，次九疑。

單就這一點説，已經超出鄭氏之上，不像他那樣雜亂無章了。在九類裡面，又分出四百七十九目，其中一百八十八是文，四十五是疑文，二百四十五是字，文是母，字是子，所以只有文才是最原始的文字。他以爲指事象形是文，會意轉注諧聲是字，獨立爲文，判合爲字，文孳乳爲字，猶母生子，字再孳乳，猶子生孫，所以，照他的説法，就可把一切文字攝入二百多個指事象形文或疑文裡去了。他的學説狠多錯誤，例如把反文認爲轉注。但系統的完密，是狠可佩服的。

他於《説文》，在徐本外，兼采唐本蜀本。但他所下解釋，往往離去許氏，自出新意。又常用金文來作證，這是鄭樵所不及的。由宋以來，文字學上的改革，到他是集大成了。他的解釋，有些地方，實勝過《説文》。

但吾邱衍《學古編》對他的書狠不滿意，説：

> 侗以鐘鼎文編此書，不知者多以爲好，以其字字皆有，不若《説文》與今不同者多也。形古字今，襍亂無法。鐘鼎偏旁不能全有，却只以小篆足之。或一字兩法，人多不知。如[illegible]本音罥，加宀不過爲寰字，乃音作官府之官；邨字不從寸木，乃書爲村，引杜詩"無村眺望賒"爲證；甚誤學者。許氏解字引經，漢時有篆隸，乃得其宜。今侗亦引經而不能精究經典古字，反以近世差誤等字引作證據，鎊、鏟、鍪、鋸、尿、屎等字，以世俗字作鐘鼎文，卯字解尤爲不典，六書到此，爲一厄矣。

這是從篆刻家的眼光來批評的。其實戴氏收采俗字，在目前看來，其眼光值得稱許，因爲一般人把《説文》所没有的字，全叫做俗字，是不對的。至於用金文配合小篆，雜亂今古，杜撰偏旁，却都是書中的疵纇。

周伯琦有《説文字原》和《六書正譌》。《字原》把五百四十部首分十二章，疏六書於下。《正譌》是取字書中常用而疑似的二千多字，辨析本義，訂正傳寫之謬，因而依韵編集的。周氏是鄭、戴的後繼者，所以《正譌·序》說：

> 張有次《復古編》，鄭樵作《六書略》，戴侗述《六書故》，莫不原於許氏。然張失之拘，鄭過于奇，戴病于雜。鄭樵言“許氏之書詳于象形諧聲，而昧於會意假借”，其論至矣。數家之書，互有得失，綱領之正，鄭氏爲優，會通而求之，六書之義，庶得其概矣。

可以看見他在文字學上的觀點。至於他的書裡，並没有什麽新的發明，只是推廣鄭、戴的學説罷了。

在元初受鄭樵影響的，還有楊桓，他和戴侗同時，但似乎没有什麽關係。所箸有《六書統》二十卷，《六書泝源》十二卷。戴氏書只用金文來改正小篆，楊氏却更澈底，因爲他同時受了杜從古《集篆古文韻海》的影響，所以他的書裡，

> 凡序一文一字，必先置古文大篆於首，以見文字之正，次序鐘鼎文於下，以見文字之省，次序小篆於下，以見文字之變。文簡而意足者莫善於古文大篆，惜其磨滅數少而不足於用，文字備用者莫過於小篆，而其閒譌謬於後人之傳寫者，亦所不免，今以古文證，悉復其故。

他推翻了以小篆爲主的系統，是鄭、戴所不敢做的，所以最

受後世攻擊。其實小篆不是最古的文字，本是狠顯然的事實，小篆爲主的系統，確不能兼攝比牠古的文字。不過，在楊氏時要推翻牠却未免過早。因爲那時古文字的材料太少，有些文字被人錯認，又有些材料是後人僞造的，不别時代，不知正誤，不明真僞，而要構造一个古文大篆的系統，當然只有攪成一團糟了。

楊氏書以六書分爲六門，

> 一曰象形，其别有十，曰天文，曰地理，曰人品，曰宫室，曰衣服，曰器用，曰鳥獸，曰蟲魚，曰草木，曰怪異。二曰會意，其别一十有六，曰天運，曰地體，曰人體，曰人倫，曰人倫事，曰人品，曰人品事，曰數目，曰采色，曰宫室，曰衣服，曰飲食，曰器用，曰飛走，曰蟲魚，曰生植。三曰指事，其别有九，曰直指其事，曰以形指形，曰以意指意，曰以形指意，曰以意指形，曰以注指形，曰以注指意，曰以聲指形，曰以聲指意。四曰轉注，其别一十有八，曰天象，曰天運，曰地體，曰人體，曰人倫，曰人倫事，曰人品，曰人品事，曰數目，曰采色，曰宫室，曰衣服，曰飲食，曰器用，曰鳥獸，曰蟲魚，曰草木，曰怪異。五曰形聲，其别如轉注之數。総其聲則有四，曰本聲，曰諧聲，曰近聲，曰諧近聲。六曰假借，其别一十有四，曰聲義兼借，曰借聲不借義，曰借義不借聲，曰借諧聲兼

> 義，曰借諧聲，曰借近聲兼義，曰借近聲，曰借諧近聲兼義，曰借諧近聲，曰因借而借，曰因省而借，曰借同形，曰借同體，曰非借而借。

分類的猥雜，和錯誤其說指事最誤，實不足爲訓。

趙撝謙是元末的宿儒，箸《六書本義》十二卷，分三百六十部，其《六書論》《六書相生圖》等，都源出鄭氏，可目爲這派學說的後勁。

己 清代的文字學

明代的文字學最衰微，魏校的《六書精藴》，不過推衍楊桓的學説，楊慎的《六書索隱》，摭拾古文字而未備，趙宧光的《説文長箋》尤多荒謬。

明代無《説文》刊本，趙宧光、顧炎武等所見皆《五音韻譜》。自毛氏汲古閣重刊宋本《説文》，學者才看見鉉本。乾嘉以後，《説文》之學大盛，那時的學者，講經學大都推重鄭玄，談文字就信仰許慎，合稱爲許鄭。王鳴盛説：

> 《説文》爲天下第一種書，讀徧天下書不讀《説文》，猶不讀也，但能通《説文》，餘書皆未讀，不可謂非通儒也。——《説文解字正義・序》

可以代表那時學者們狂熱的心理。關于《説文》的箸作狠多，最箸的是段玉裁的《注》，桂馥的《義證》，嚴可均的《校議》，王筠的《句讀》和《釋例》等，雖都是專主許氏的一家之學，但在文字學方面，也不無貢獻。嚴可均尤多懸解，他說：

> 六書大例，偏旁移動，只是一字，左右上下，隨意配合。今乃輒分兩字，如：含嗛也，吟呻也；召評也，叨或饕字；𠯑語相訶歫也，[illegible]直言；叫嘑也，句曲也；嘆㰦嘆也，暮古謨字；古故也，叶或協字；碁忌也，諆欺也；卟卜以問疑也，占視兆問也；矔目多睛也，舊古觀字；楙冬桃，桼車歷録束交也；柔栩也，杼機之持緯者；棐篆文棐榰識也，枅屋櫨也；龒房室之疏也，櫳檻也；睹旦明也，暑熱也；旰晚也，旱不雨也；齋稷也，穧穫刈也；袍襺也，裒褎也；忠敬也，忡憂也；慨忼慨，恖古文悉字；恭肅也，烘戰慄也；怡和也，怠慢也；慔勉也，慕習也；惆懽也，愚戇也；悍勇也，恳古文姦字；忩忽也，忦憂也；怓亂也，怒恚也；衍水朝宗于海也，洐溝水行也；拱撿手也，拲或拱字；批捽也，辈積也；妃匹也，改女字也；蛾羅也，蝵或蠢字；若此之類，或因轉寫之誤，或沿古籀篆屢變，偶爾同形，許君不復省併。以余考之，其得一字數義，必可省併者，十有七八。然猶可諉曰説解不同也。至盰或作晉，李古作杍，怚或作忌，尤

爲變例，充此類將重文得補數萬，豈復許君之舊乎？又六書大例，省不省只是一字，今本既云省，仍分兩字。如貝母之莔，囧聲而曰明省，則不省即萌矣。漢堇省聲而云難省，則不省即灘矣。洇羅之洇冃聲而云冥省，則不省即溟矣。堀閱之堀屈聲，而云屈省聲，部末復添堀篆。縱從聲，復添從省之縱。若此之類，顯然改補。

這是别的許學家不能説的。

清代小學家大都喜歡研究金石學。桂馥本是金石家，嚴氏有《鐵橋金石跋》，對於金文尤有研究。段玉裁雖没有深邃的研究，但也曾用金文的“攸勒”來釋詩，因而説：

許氏以後，三代器銘之見者日益多，學者摩挲研究，可以通古六書之條理，爲六經輔翼。

王筠更常用金文的字體來和《説文》比較。本來許慎在《自序》裡説到鼎彝其銘皆古文的話，所以研究銅器，可以説是許學的家法。近代古文字學的發展，也不能不歸功於這班做前導的許學家。

乾隆時許學正盛行，莊述祖却想利用彝器文字來建設出一個古籀系統來代替《説文》。但是他所苦的還是材料太少，認識不足。並且他想把一切文字都推源于甲子等二十二字，這是一種玄想。

嚴氏《説文翼》未刊，莊氏《説文古籀疏證》，一直到光緒時才刻。乾嘉以後，金文學雖極盛，但辨識文字方面，進步狠少。陳慶鏞、龔自珍等所釋，往往穿鑿不經，只徐同柏、許瀚所識，較有根據。吳大澂作《説文古籀補》，古文字才有專書，他又有《字説》，頗有些狠好的見解，像“寧王”、“寧考”、“前寧人”、“寧武”等“寧”字爲“文”字的傳誤，二千年來没有人説過，狠可以壯古文字學的聲勢。但他不免蹈襲前人釋金文的方法，而有許多肊説。

小學家不能深通金文，而金文家不治小學，所以辨識古文字的方法和條理，没有人去注意。和吳氏同時的孫詒讓，以小學家兼金文家，條理清晰，方法精密，前此未有。所箸《古籀拾遺》、《古籀餘論》、《契文舉例》、《名原》等書，雖不免錯誤，但他所懸的“以商周文字展轉變易之迹，上推書契之初軌”的鵠的却頗有一部分的成功。

庚　文字學史上的新時期

自殷虛甲骨發現後，中國文字學就到了一個新的時期。以前的學者治金文，只注意周器，周的文字和篆籀大致相近。周以前器文字本不狠多，稍奇詭的象形字，就大都不以爲文字，所以《説文》的系統没有推翻。最先用金文來和《説文》比較，最後也不過像吳大澂把金文來補正《説文》罷了。但甲骨文字發現以後，這種觀念，大有變化，因爲離開小篆狠遠，象形象意的文字較多，使大家覺得小篆爲主的系統不用再去維持，許學最後的壁壘，也被衝破了。孫詒讓的《名原》是這個時期的先驅，有些自命爲正統派的學者，眼看着他要“祧許慎而祖倉頡”，不禁義憤填胷，出而抵抗，於是有人說甲骨是假造的，銅器是靠不住的，也有一反許學的家法，說這種文字，不足爲證。這種反抗的議論雖不少，但事實勝於雄辯，文字學將有極大的變革，已成爲現代一般人的普遍觀念了。

繼孫氏後，有功於古文字的人，是羅振玉和王國維。羅氏的《殷虛書契攷釋》開闢了研究卜辭和文字的新路，可惜方法太不謹嚴，開後來許多流弊。王氏的史學研究，提高了卜辭的聲價，文字方面，也頗有發明。

羅王以後，研究卜辭文字的人很多，最箸的是葉玉森，所識雖多，大抵穿鑿附會，不可信據。他說：“揅討三千年上之殘餘文字，若射覆然，焉能必中”，正是他最忠實的供狀。研究學問，没有方法而只去猜謎，猜中且不必論，猜不中豈不誤盡蒼生。這種猜謎的惡例既開，人人都可以識甲骨文字，末流便至於肆無忌憚，這實是古文字學進步中的一大厄。

和羅、王同時的林義光箸《文源》十二卷，專用金文來訂正《說文》，金文所没有的，仍用小篆。解釋方面，閒有可取，但大部是肊說。他的書是用六書分類的，一、全體象形，二、連延象形，三、分理象形，四、表象象形，五、殽列象形，六、表象指事，七、殽列指事，八、形變指事，九、會意，十、轉注兼形聲，十一、二重形聲，詳見所附《六書通義》，支離瑣碎，無可取，但他所駁正許說的，狠切當，在那時候，不失爲豪傑之士。

辛　結論

由周至漢，是文字學的刱始時期，魏晋以後，日漸衰微，唐至宋初爲中興時期，宋元爲革新時期，明代又衰落，清代重振，就開出一個時期。吳大澂、孫詒讓是這時期的先驅，羅振玉、王國維是這時期的後繼，四家中以孫氏方法爲最精密，但還拘牽於經學，泥迹於六書之説。所以要求大成，尚有待於將來。

中　　編

一、中國文字的起源

甲　語言的起源

文字是代表語言的，所以語言文字的關係，異常密切，我們要研究文字的起原，當然得追究到語言的起原。但是語言起源，最難研究，在有史以前的荒古時代，早已有了狠複襍的語言，我們又何從探討無言到有言的經過呢？所以關於這問題只能推測一些或然的大概罷了。

有的學者説人類是經過無言時代的，但所謂無言，指狹義的語言而言。人類本由動物進化，動物已有傳達意見的呼號聲，那末人類自始就有語言。不過不是完備的語言，嚴格分別起來，就不算是語言了。

那種原始的廣義的語言，即人類和其他動物相近時的語言，我們可以分爲本能的和學習的兩種。本能的是些簡單的呼聲，當身體上某部分受刺激後自然發出來的，凡用以表示高興、滿足、喜愛、企求、失望、悲慟、憤怒、驚駭、畏懼、奇異等情感的聲音，大都是元音。由學習而來的，是摹仿其他動物以及自然界的各種聲音。像水的澌澌、火的熊熊、牛的牟、羊的芈之類。

許多動物已有家庭和社會，所以有些同羣共喻的語言，在最原始的人類裡，已經有了。統率者和被統率者間，也一定有狠豐富的語彙，至少有許多動作的字，如飲食住行等。

原始語言，數量大概不狠少，但不能算做完備的語言，因爲他們的智識還没有發達。在人類知識發達的時候，也正是工業藝術等發達的時期，是人和動物的分界。人類知識的發達，能把事物分析，較前精密，例如在形體上能分出大、小、方、圓、長、短、闊、狹、高、低、厚、薄等不同，在數目上能分析一二三四，以至更多的數目，這種真確的認識，促進人類的文化，同時，新的語言也產生了，——這些語言，大概由口的擬勢，和聲的強弱長短而產生的，由這種語言來傳播各種新知識，語言愈積愈多，文化也愈進愈高。

那時候，在說話時感覺到困難的，是許多實物的名稱，除了一部分實物，可以用摹仿聲音的方法外，無法可施，於是假借的方法就出來了。語言裡假借的方法，一直到現在還通行着，正像我們說湯圓藥粉煤油一樣，古人把頭頂叫做頂、顛，或定，因而有山顛、樹顛，又因而有頭頂上的天；把低下叫做低，於是有樹的根柢，有脚的稱止，脚下的地，和地祇；這方法盛行以後，無論何物，都可有新的名辭，而語言才可完全表現一切事物了。

語言完備以後，隨着時代而發達，在每一種文化裡面，產生出許多專門術語，而普通語裡面也常有新陳代謝，所以各地域的語言都不一致，隔絕愈久的，就完全不同。

抽象語的起源較遲，像親戚、顏色、方向、萬物等，都是文化狠高以後才有的，所以許多較原始的民族，這類語言是狠缺乏的。但我們不能説這些不是完備的語言，因爲這種差異，只是文化高低的反映罷了。

乙　中國原始語言的推測

語言的起源，遠在文字以前，當文字創始時，已經够複襍了。語言的本身，沒有法子保存下來，但文字方面，我們還可考見一些概畧，我們由文字裡，也還可以窺見古代語言的形態。

不過，不幸的狠，中國文字雖有聲符，而注音方法，狠不嚴密，每個字的聲音，隨時代地域而有變異，所以我們儘可以認識許多古字，可不容易知道牠們在古代的讀法，這在研究古代語的時候，將感覺到狠大的困難。

但我們還有些方法可以推考古代的讀法，例如同一聲母的字，古讀應該相同；和摹仿聲音的字，讀音應和所仿者相近；同一語根的字，讀音應差不多之類。

在這裡，有一點是我們應特別注意的，就是中國語言的特點。谁都知道中國語是一種孤立語，這種語言的特徵，和她的文字有密切的關係。

有些學者想把中國原始語和文字發生後的語言隔開，他們以爲中國語之所以爲孤立語，是受文字的影響。他們不但主張原始語和近古以來的語言不同，並且假定早期的文字的讀法，有些還有兩個以上的音節。

箸者對此不能贊同。中國語言，與其説受文字的影響，不如説文字受牠的景響。我以爲中國古代語的單語，大都是單音的，兩音節的較少，三音節的更少，到四音節以上，幾可説没有，我們可以由古書和甲骨金文來證明的。人名有四字的，但分屬於氏和名。惟其如此，造文字的人，才使一個字只代表一個音。因爲一個單語，至多不過用兩三字來代表，不見什麽不便，他們就不費心去造代表兩音以上的專字了。

所以許多兩音節以上的單語，古人就没有替牠們造字，只隨便借些同音字組合一下就行了。譬如鳥名的倉庚，就是狠好的例子。但如艸名的芣苢，虫名的蟋蟀，已給後人添了艸和虫旁，變成專字，這種字往往拆開來，不能單獨成義。這是錯誤的。

學者想把古文字讀出兩個以上的音節，更是大錯。無論《詩》《易》裡韻文格律的謹嚴，可顯示每個字的單音。即以聯綿字説，假如一個字可代表兩個以上的音節，何必又寫成倉庚、芣苢等兩個字呢？楚人謂虎爲於菟，是方言，鬭穀於菟仍寫於菟兩字，不是寫一虎字而讀做於菟。吳人自稱爲攻吳，都寫作兩字，别國人稱她爲邗，是攻吳的合音，就只寫一字了。可見一字只代表一音，決没有讀兩音以上的事實。合體字自是例外。

中國語還有一種習慣。意義雖有延展而語不變，像日月和今日今月的日月是一樣的。也有聲調稍變化，像食物、飲食，和推食食我的食之類。這種習慣，也影響到文字，所以同音異義的字，特多。

揔之，原始中國語，單音字多，同音異義字多，有聲調的變化，而没有接頭接尾等形式的變化。這種孤立語的性質，決定了方塊式的中國文字。有些人歌頌拚音文字的好處，忽畧了形聲文字的優點，往往歸咎於我們祖先的入了歧途。他們不知道中國語和雅利安語等根本不是一條路，我們的祖先，只是走其必須走的路而已。

丙　文字是怎樣產生的

説到中國文字的起源，一般人就會聯想到“上古結繩而治”。結繩記事，在原始部落裡狠習見，不過古代中國是否有過這個時期，和這種記事法是否在文字產生以前，是無法證明的。因爲作這樣説法的，最早是《莊子・胠篋》和《繫辭》，都是戰國時書，那時人喜歡把推想中的文化演進史，當做真實的歷史，庖犧、神農、燧人、有巢等，大都是那時人所擬議以代表某種文化的，所以可信的成分狠少。

即使古代中國有過結繩的事情，也和文字的發生没有直接關係，因爲這只是幫助記憶的符號罷了。但八卦的起源，往往和文字起源聯繫在一起，却狠像有直接關係。在漢以前，還没有這種説法，許慎在《説文・序》裡，推文字的起源，説到庖犧的作八卦，於是就成了常見的議論了。坎卦作☵，和小篆的巛在偏旁裡水有作☵形的。正同，這是許多小學家所樂於稱道的。但其他各卦就不能這樣湊巧了。坤字在漢碑裡作巛、川等形，《周易音義》說“坤本又作巛”，毛居正、鄭樵就說是☷卦的直寫了。火字小篆作火，也有人說是離卦的☲，而天字艸書作天，也被附會做乾卦的☰了。但震、艮、巽、兑無論如何也是附會不上的。

這種好附會的人，不知道商周的古文，和篆隸真艸大有不同。稍通古文字的人，對這種怪説，只有付諸一笑，所可注意的，僅是八卦和文字究竟有没有關聯罷了。我以爲八卦的本身，是巫術和筭術混合的東西，所以筮字從巫，而筭和筭實在是一個字。詳下篇牠的起源，雖難詳考，但既叫做《周易》，八卦的名義，就未必是周以前的舊觀。卦的基礎是爻，拿奇數的⚊來代表陽，偶數的⚋來代表陰，所以八卦的名義是隨爻的陰陽剛柔等錯綜而成，☰有剛健的意思，☷有柔順的意思，震☳，坎☵，艮☶，均近於剛，巽☴，離☲，兑☱，均近於柔。定八卦名義的人，實是一個巫術哲學家，他把奇偶的卦畫，看出許多抽象的意義，至於坎水離火等説法，更是後起，坎離何嘗不是日月呢？這個人一定産生在哲學文學等已狠發達的時代，距離創造文字的時期，至少也在千年以上了。《吕覽·勿躬》説：“巫咸作筮”，這也是筮起於巫的證據。

除了結繩畫卦之外，也有人主張河圖洛書是文字之源的，但這只是春秋以後的傳説，我們無從去詳究了。倉頡作書，也是戰國時最流行的傳説，荀卿獨説“好書者衆矣，而倉頡獨傳者壹也”。大概他是不信文字由倉頡創造的。他的態度是對的。倉頡這個人的有無，不必深求。文字的産生，決不是一人所能包辦的。但漢以後的學者大都繼承傳統的學説，更進一步的，索性把六書也歸之於倉頡所手定。這一類説法無疑地足以阻礙文字學的進步。

文字的産生，本是狠自然的。舊石器時代的人類，已經有狠精美的繪畫，大都是動物和人像，這已是文字的前驅。畫一隻鹿或象，别人看見了就認識，就得到和文字一樣的效用了，但還不能稱爲文字。因爲這種繪畫，只能抒寫美感，而不能完全表現出作者的意思，假使畫一個較長的故事而讓十個人去解釋，也許會有十種説法的。不過在那時候，除了藝術外，别的文化還不狠高，所以這種繪畫並没有進步而變爲繪畫文字。經過了狠長的時期，人類由狩獵生活而進爲農業畜牧生活，一般文化均有狠大的進步，而繪畫雕刻等藝術却反退步了。但繪畫技術雖退步，範圍則較前爲廣，一切可以摹寫的事物，都做了畫材。當這時候，國家産生了，一切文化均受激刺而有更速的進步，因之産生了文字。文字的本質是圖畫，所代表的是語言，國家産生後，許多部落的語言，逐漸同化，每一圖形，漸有標準的讀法，於是可以描寫許多圖形來記載一件故事，而這記載是可誦讀的，就成爲文字了。

繪畫和繪畫文字，除了可誦讀與否的一點外，有時簡直不能區别。不過時代稍後，繪畫和文字，分歧較久，差别就顯箸了。但文字雖獨立，一時不能脱離繪畫，所以每一個字的寫法無定，因爲各個書家的技術不同，性情各異，點畫偏旁，增減變化，毫無標準，只要所描寫的對象大致不錯，就够了。

文字的前身是繪畫，繪畫是以各種事物爲對象的。有些學者想把文字的起源一元化，説一畫是文字的起源，像鄭樵的《起一成文圖》、《因文成象圖》之類；也有些學者想把文字的點畫，分析做若干單位，以爲每個單位表示一種意義，像點的象水形之類；其實只是些美妙的幻想而已。

由六書的説法，在文字起源的時候，有一種指事文字，《説文》舉上下二字爲例，有些人又説一字是指事，指事産生在象形之前。不知指事的分出是不必的，一字是象形，上下是象意，這種文字和牛羊馬豕日月山川的圖形，是無從分先後的。

揔之，文字起源於繪畫，到統一的國家出現後，和語言結合，就産生了可誦讀的真正文字。文字的産生，由於自然的趨勢，而不是一兩個人所能創造的。

丁　文字産生的時期

中國文字在什麼時候産生，是一個牽涉狠廣且饒有興味的問題。《世本》説“倉頡作書”，司馬遷、班固、韋誕、宋忠、傅玄都説倉頡是黄帝的史官，見《書序正義》《説文・序》也用此説。《吕覽・勿躬》“史皇作圖”，《淮南・脩務》説“史皇産而能書”，書大概是畫的誤字，但高誘却把史皇附會到倉頡身上。他不知道在《吕覽》裡“倉頡作書”和“史皇作圖”，完全兩事。《淮南》大氐襲《吕覽》，本篇又説“倉頡作書”，即出《君守》，可見皇、頡決非一人。又崔瑗、曹植、蔡邕、索靖，都説是“古之王也”，徐整説在神農、黄帝之間，譙周説在炎帝之世，衛氏説當在庖犧、蒼帝之世，慎到説在庖犧之前，張揖説蒼頡爲帝王，生於禪通之紀，並見《書序正義》這種異説，大概多出東漢以後，慎到説是假託的。作這種説法的，也許受《淮南》的影響，不過最大的原因，還是對於黄帝史官的覺得不滿足。《管子·封禪》説管仲所記古時封太山的十二家，有無懷氏、虙羲、神農、炎帝、黄帝等，也是主張文字起於庖犧前的人所常稱引的。

禪通、疏訖等紀，以及庖犧、神農，都是戰國後人所做的假史，不足置信。就是黄帝史官一説，也没有確鑿的證據。所以，關于文字起源的時期，在這種現成史料裡是找不出來的。幸而此外，我們還有兩個方法，可以推考出大畧相近的時代。

第一，從文字的本身説，我們能得到大批材料的，是商代的文字，這裡大部分是甲骨卜辭，和銅器銘文，卜辭大概是般庚以後的作品，器銘只有極少數的，可確定爲商末，有些文字的寫法，雖顯然較卜辭爲早，但不能考其確實的時代。商代文字裡還保存着狠多的圖繪文字，所以一般人常懷一種膚淺的見解，以爲那時離文字的起源狠近，許多字形没有固定。這種説法的最大錯誤，由於忽畧了形聲文字。卜辭裡有狠多形聲文字，銅器裡我們可以把集咎毁做一個例子，圖一集字還保存圖繪文字的作風，而咎、寶、障、彝，四字，已都是形聲字了。形聲字的產生，遠比圖繪文字爲遲是文字史上的通例，我們把有形聲以後的文字稱爲近古期，以前是上古期，那末，商代文字已屬於近古期，離文字起源已狠遼遠了。

集偕咎作父𢆶
寶隮彝

像我在《殷契佚存》序裡説過的，安特生《甘肅攷古記》裡面所載的“辛店期”陶器上有些他所謂花紋或圖案，實是一種較古的文字。如下圖所載，除丙圖的人形而有衣裳，較爲奇特外，甲圖的馬形，示面向後方僅見雙耳；乙圖象齒輪，丁圖象鳥形，在商代金文中，頗有類似的文字。第三圖甲的馬形，與籗上的極似，所不同的，只是四足和兩足；乙的輪形，較此甚簡單；鳥形在商時多作一足，但也有作兩足的。

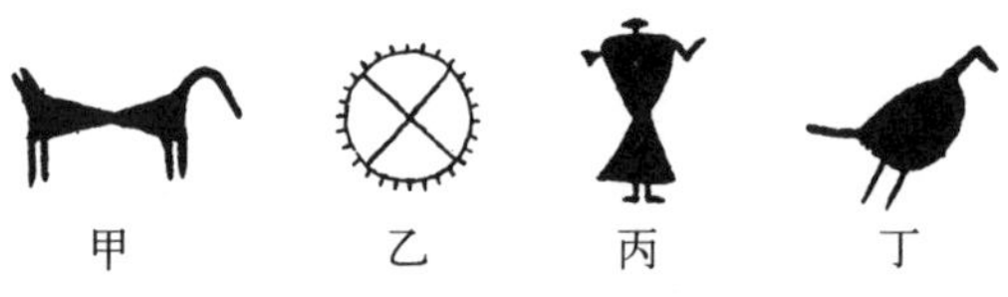

第二圖　采自《甘肅考古記》第五圖

第三圖

甲：馬幸父辛㲉　乙：⊕㲉　丙：上矢白隻卣，下隻父癸爵

由上面所比較，已能證明陶甕所繪確是文字。第四圖裡犬和羊，尤其可以加强我們的信念。犬字作，對於頭部寫法的省略，正是中國古文字的特點。羊形在圖中不全，疑當作，即萈的本字。

第四圖　《甘肅考古記》第三版第二圖縮小

據安特生的假定，辛店期離現在大概有四千五百年左右。這時期的文字所知道的只有這些，當然還不够做什麽研究，但大體上我們已能斷定牠們和商周文字是同一系統。這時期裡或許還没有形聲文字，而商代文字裡早已有了。我們假定形聲文字的産生

在三千五百年至四千年以前，那末，中國文字的起源揔在六—七千年前吧！

第二，由歷史方面說。歷史是文字狠完備以後才產生的。中國的上古史，雖還没有完好的記載，但我們有理由說從孔誕前千五百年左右，距今約四千年已進了歷史的時期。卜辭裡所記先公先王，由王亥到示癸，正在夏時。古本《紀年》、《世本》、《史記》對夏、商兩代，有世系、年數和史事的記載，商代的先公先王，一部分已可證實，那末夏系同時的歷史，也可以相信了。古代神话，到夏以後狠衰微，而詳細的歷史傳說却起自夏。彝器刻辭裡稱述禹的功績，孔子稱述堯舜和禹，孟子述堯舜到孔子的年數，有些夏代文化在周世還保存着，如夏時、夏祝之類。都可以證明由夏代起已有歷史了。

商初的唐，即湯和伊尹的伊字，已都是形聲字，夏初的稷和咎繇，或作臯陶也都是形聲字。以地名說，像青、雝等州名，汅即河字、淮等水名，窮、顧等國名，也都是形聲字。那末，夏初也許已有形聲字了，形聲字的起源，或者還在歷史之前吧。

在夏初的記述裡，可以保存着夏以前數百年的傳說，那些較古的關于兩昊諸帝時代的傳說，正同《舊約》一樣，決不是完全子虛的。據《左傳》說，太昊的官名用龍，少昊用鳥，黄帝用雲，炎帝用火，共工用水。又少昊的官有鳳鳥、玄鳥、伯趙、青鳥、丹鳥，和祝鳩、雎鳩、鳲鳩、爽鳩、鶻鳩等五鳩，以及五雉、九扈。其中爽鳩氏所住的地方，是後來的齊，可證明這些傳説是有根據的。但這些官氏的名稱最初恐怕是圖形文字，鳳鳥氏畫一個鳳形，玄鳥氏畫一個燕形，爽鳩假如是鷹的話，就畫一個鷹形，現在的名稱是經過後人翻譯的。

由歷史的考察，我們也可以假定形聲文字的産生，約在四千年前，和從文字發展方面推測是一致的。

二、文字的構成

甲　三書

關於文字構成的説法，舊時只有“六書”。這種學説，起源於應用六國文字和小篆的時期，所解釋的只是那時的文字，離開文字創始的時期太遠，所以對於文字的分析，並不精確。而且像“六始”的兼有風、雅、頌，和比、興、賦一様，指事、象形、會意、形聲，是四種文字的名稱，而轉注、假借，却是文字應用時的方法。這種混淆，狠容易教人誤會。

但是這樣粗疏的理論，竟支配了二千多年的文字學，没有一個人敢逾越牠的範圍。有些學者把文字精密分析後，知道六書説是不够説明的，但他們非但没有想打倒這傳統的舊觀念，反而自己歐絲來加重牠的縛束，於是象形兼指事、會意兼形聲等，繁碎的條目，使人望而生畏，而文字的性質，愈解釋愈不明白。有些研究文字的人，更不懂得六書的真義，像把轉注認爲一種文字之類。

揔之，六書説的缺點，第一是不精密，我們不能把牠來分析一切文字，第二是不清晰，我們狠難知道牠們確實的定義。這種學説是早應當廢棄的。在往時，古文字的材料太少，而且學者們大都有佞古癖，所以没有人想去改革，但在現代古文字材料如此豐富的時期，我們還不能建設一個新的較完備的系統來替代舊説嗎？

我把中國文字分析爲三種，名爲三書。第一是象形文字，第二是象意文字，這兩種是屬於上古期的圖繪文字。第三是形聲文字，是屬於近古期的聲符文字。這三種文字的分類，可以包括盡一切中國文字，不歸於形，必歸於義，不歸於意，必歸於聲。

象形文字是畫出一個物體，叫人一見能認識，這是代表什麽。見馬形名之爲馬，見牛形名之爲牛，名與實合，所以我把牠叫做“名”。象意文字不僅畫出一個物體，而是由物形的變易增損，或綜合兩個以上的物形，來表示某種狀態，可以由讀者去意會的，物相雜之謂文，所以我把牠叫做“文”。形聲文字以有聲符爲特點，字者孳乳而生，所以我把牠叫做“字”。這三者間的界限是狠容易分的，象形象意和形聲的區别，是後者的有了聲符；而不屬於象形和形聲的字，必然是象意字了。

用三書來解釋中國文字的構造，是最簡便，而且是最合理的。但比之六書説，還少了一種，那就是指事。指事的定義狠含混，介於象形象意之間，大概古人覺得有一類象形字，没有實物可指，例如數目的一，或形體的□○方圓等。又有些獨體象意字，前人不能歸入會意；因爲“止戈爲武”，“人言爲信”，定義狠狹。就不能不别立一個指事。用現在的眼光看來，只是一個贅疣。

一個學者，假如自命爲衛道家，或許學正宗，這種説法，當然會被目爲離經叛道。或者依戀舊説，不能自拔，當然也不能接受這個新説。但如果要尋求真理，要確實地明白文字的構造和演變，那就非用三書説不可，因爲在革新文字學的進行中，這是第一塊的基石。

乙 原始文字

過去有許多學者，在《説文》裡尋找原始文字，由唐以來，就把五百四十個部首叫做“字原”，一直到現在，還有許多人把部首當做文字學的綱領，這是可笑的錯誤。許君説：“倉頡之初作書，蓋依類象形，故謂之文，其後形聲相益，故謂之字”，象形字首出，形聲字後起，本狠清楚。但他的分類法狠粗，凡有從牠爲形的字，都可建爲部首，不管牠是象形字或形聲字。所以，這些部首，本不能代表原始文字。

原始文字這個名詞的意義狠含混，可以解説做每個文字的原始狀態，或原始時代的文字，我們現在所習用的，和“初文”的意義相近，指最早的文字的母而言，狠有些像言語學裡面的語根。

追求字源，或許比語根容易些，但也有狠多難解決的困難。現有的古文字材料，幾乎完全是近古期的，要研究上古期文字，就感到没有直接材料的困難。近古期的較早部分，——殷商系和西周早期的文字裡，還可以看出一些上古文字的遺蹟，但這當然是殘缺不全的史料了。

在近古期裡，時代愈早，象形象意的文字愈多，而形聲文字絶少，時代一遲，就成爲反比例，這種現象，顯示着形聲文字的起源狠遲，在上古文字裡只有象形和象意。

如果我們把文字分類，就可把許多同形體的象意字，隸屬於一個象形文下面，這是較直捷的辨法。如果要把圖繪文字裡每一個單體，不拘是象形或象意，找出來定爲字源，這就困難了。但如果有成績，是可以和語根的研究相結合的。

揔之，原始文字，還在探討的時期，隨便找些文字來定爲“初文”，在文字學上是不能成立的。

丙　象形

文字的起源是繪畫，既如前面所説，那末學者閒所分析的象形文字前的文字畫，是不需要的。假如我們把近乎圖畫的文字，屏除在真正文字之外，那就無異於把石器時代的人類，屏除在真正人類之外。因爲許多銅器的文字，是近乎圖形的，甲骨文字也是如此。前人給《説文》裡較遲的象形文所囿，而卜辭還没有發現，所以誤把這種較古的圖畫文字，當做圖形而非文字。在現在還要維持這種説法是不可能的，至多只能在銅器銘辭裡找出幾個較難認識的文字吧了。

只要對古文字有常識而没有偏見的人，一定會相信[古文字]就是[古文字]刀字，[古文字]就是[古文字]止字。并且更會相信，要明白文字的原始意義，大部分須憑籍這些較古的材料。這種材料雖則所缺狠多，但有許多字的歷史，是比較狠完備的。

由這些歷史裡，可以知道，所謂象形文字，不是有一定寫法的。因爲這是由圖畫蛻化來的，在圖畫裡，不管用工筆或寫意，均以描寫出物體爲主，初期的文字，也正這樣，只要和所象的形近似，就完成了使命，至於用什麽技術或方法，是可不問的。所以●丁字可以只畫一個匡廓作○；○日字可以加一點作⊙；黽字有時畫做[illegible]父乙觶，有時畫做[illegible]玨鼎，萬字有時畫做[illegible]萬戈，有時畫做[illegible]萬爵，筆畫多少是没有規律的；[illegible]伯鱼卣字可以畫成[illegible]《嘯堂集古録》魚鼎（原作鮮鼎），後者是用點來組成的；[illegible]可以畫作[illegible]，龜可以畫做[illegible]龜父丙鼎，也可以畫做[illegible]卜辭，去畫那側面；由這些變化裡，我們可以説象形文字注重在全體上，象某實物的形，使人一望而知，但不在筆畫的繁簡，而且也没有固定的結構。一般人看慣了已經凝定的篆體，見到這種流動的狀態，難免駭怪，不知這正是象形文字的特性。既説“依類象形”，魚當然得象魚，鳥當然得象鳥，那末，各人就有各人的畫法，當然是不能一致的。

在前面我所下象形的定義，是畫出一個實物的形體。在舊時六書説裡，象形的範圍還要廣泛得多，只有純象形字才是現在所説的象形，“複體象形”、“象形兼指事”、“象形兼會意”之類，是應併入象意字的，而“象形兼形聲”是應併入形聲字的。又舊時的指事字裡面，有一部分實在是象形字，不過所象的是抽象的觀念而不是實物。這種字裡象□○是象方圓的形狀但没有實物可指。

數目字的起源，狠難明瞭，我以爲由手勢衍成，一、二、三、亖，是代表一指到四指；五字本作㐅，六字本作∧，七字本作十，八字本作八，代表兩指交錯成的姿勢，五七是一組，兩指相交，一側一正，六八是一組，六，指頭相接，八，分開；九字作九，象手臂形；十字作丨，竪一指形，廿、卅、卌，作∪、ㄩ、Ш，象竪二指至四指形。狠古的契裡已有了這種象形，像安特生在甘肅所發現的骨契圖五裡似乎有兩組記數法，一種是刻齒的方法，一種所刻是八和五字。又殷虚所出卜骨，在骨端臼側，常有一㐅字，和卜辭無關，也有作㐅字的圖六，大概是記數用的。董作賓氏曾提出一個“册六説”，以爲六龜一册，現在知道六是入之誤。卜辭六入均可作∧。但這五字，也不像卜辭歸檔時所刻，或者修治卜用骨後，工人用以記。

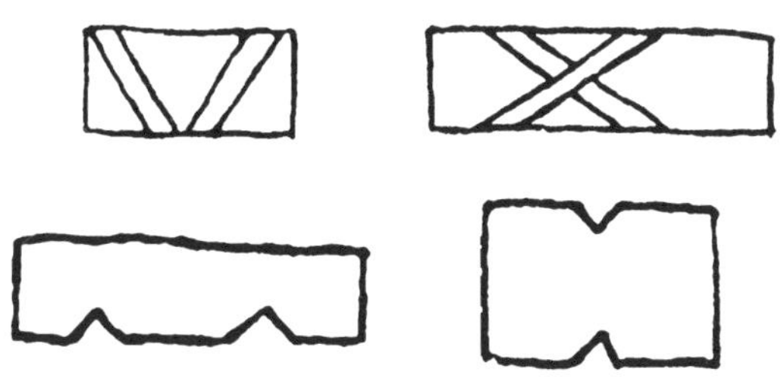

圖五　甘肅仰韶期骨契 出西寧縣周家寨
采《甘肅考古記》第三圖

圖六甲　北京大學藏骨

改訂本正譌

九葉下三行（今按：本書第 151 頁）　“後來李氏《古器物銘》説”當爲“趙氏《古器物銘》説”

十葉上十四行（今按：本書第 153 頁）　“洛陽韓墓”應爲“洛陽金村”

十四葉上十四行（今按：本書第 158 頁）　《殷虚書契續編》應爲《殷虚書契後編》

圖版

圖版目録

附："原書"指齊魯書社增訂本；"此版"指上海古籍出版社影印本。

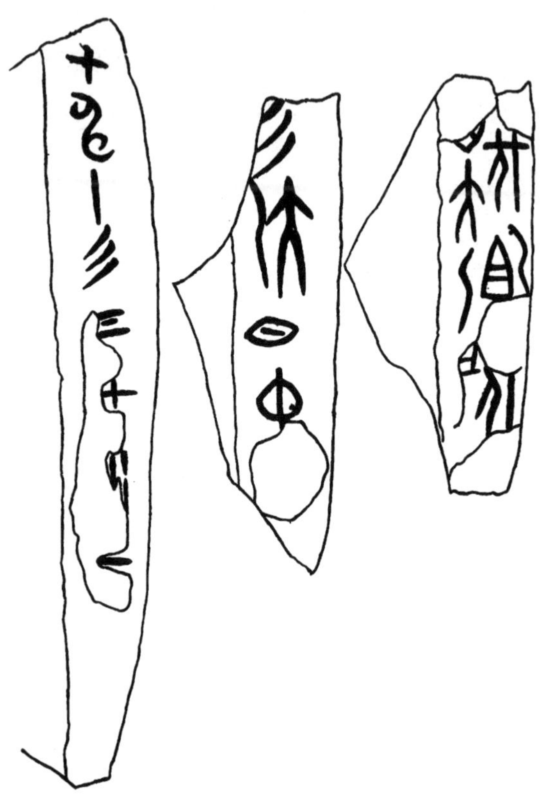

圖一甲　安陽出土的寫卜辭未刻骨版

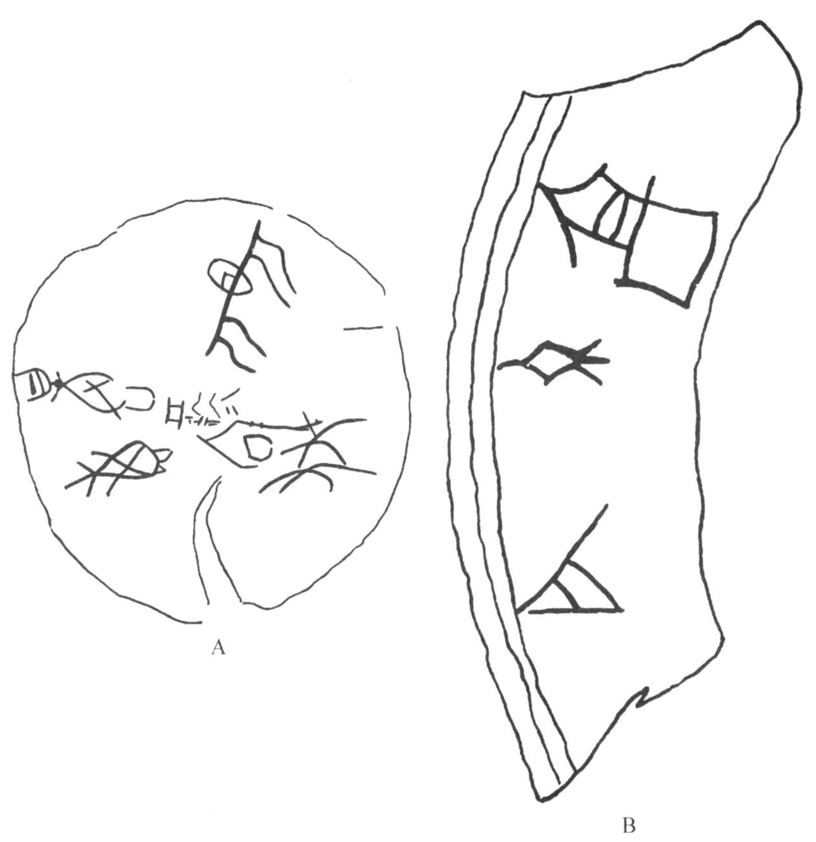

圖一乙　陶器上的文字

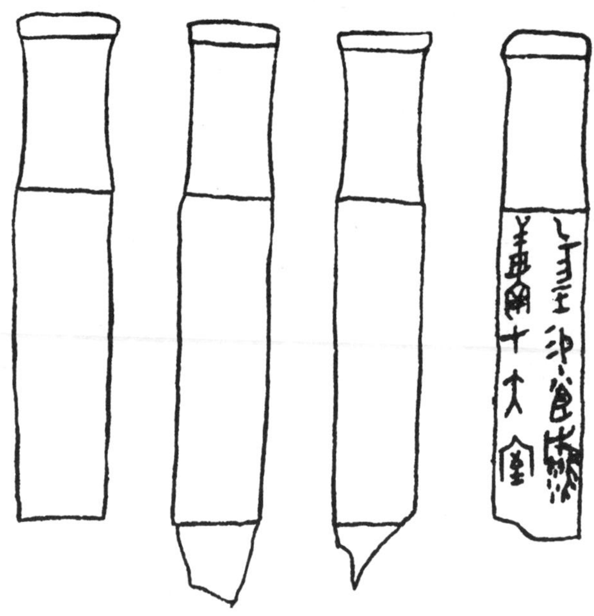

圖二　玉上的文字

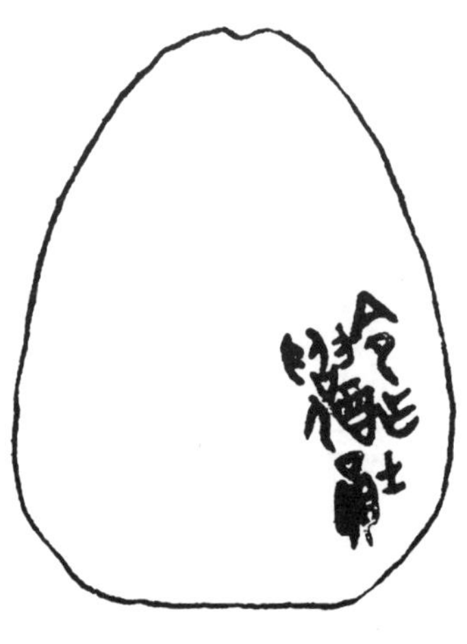

圖三　土塤

A

圖四　玉刀柲上的文字

B

圖四　玉刀柲上的文字

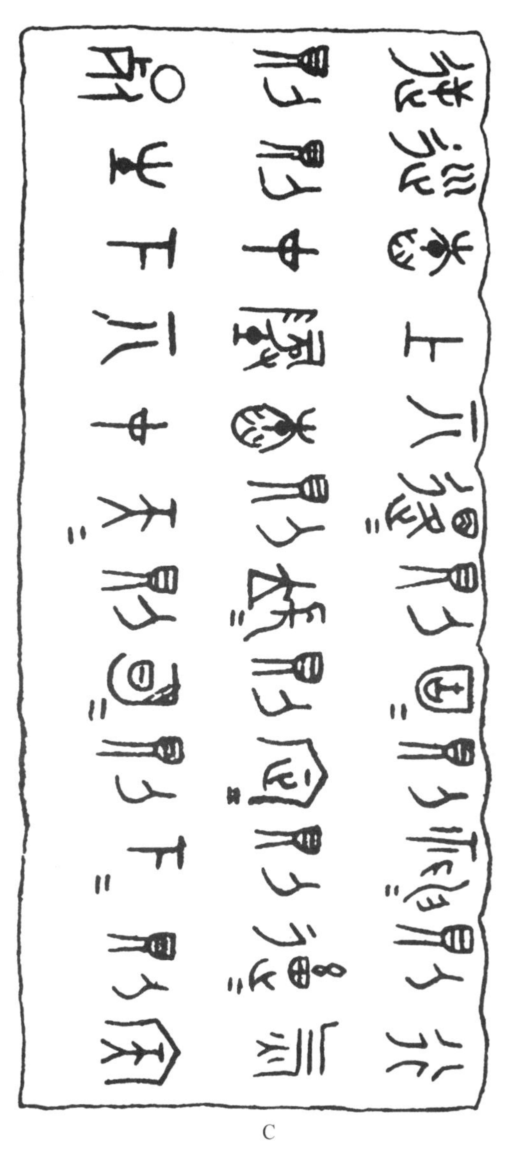

C

圖四　玉刀柲上的文字

A

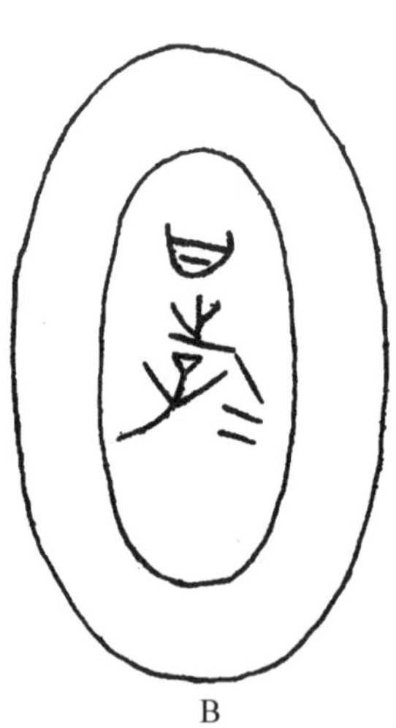

B

圖五　銀器上的文字

圖六　周景王時的古錢

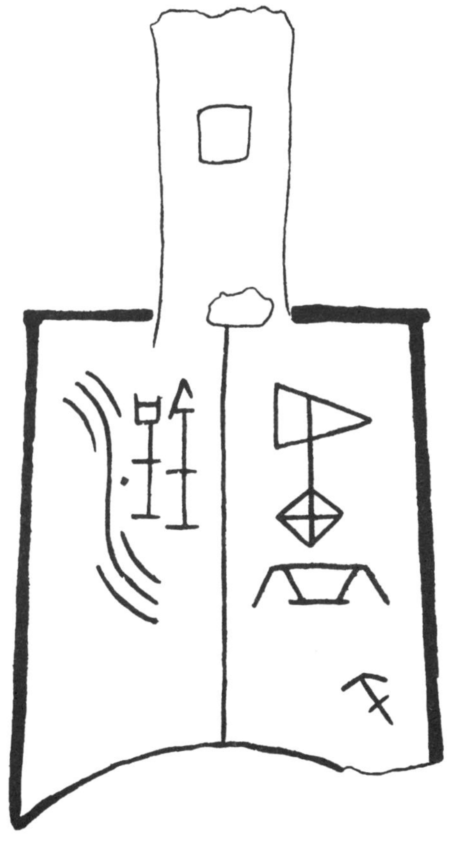

圖七　空首布

A

圖八甲　蟲書（王子徝匜）

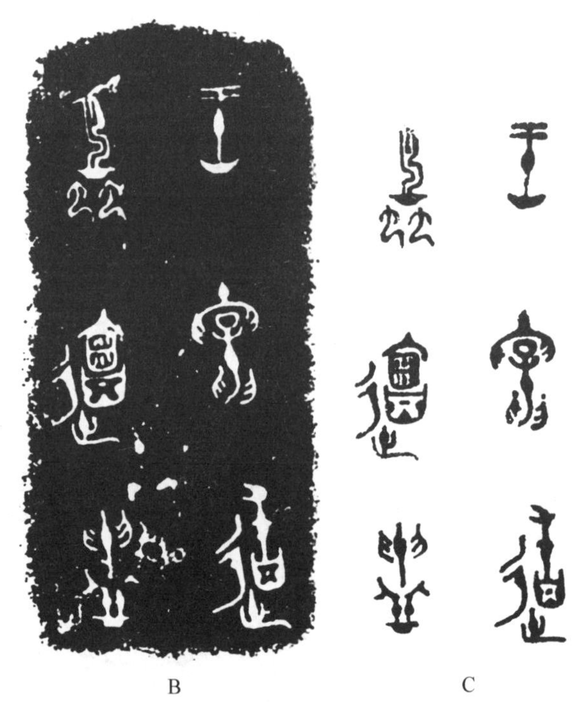

B　　C

圖八甲　蟲書（王子徝匜）

圖八乙　蟲書

引自薛氏《鐘鼎彝器款識》卷一商鐘三

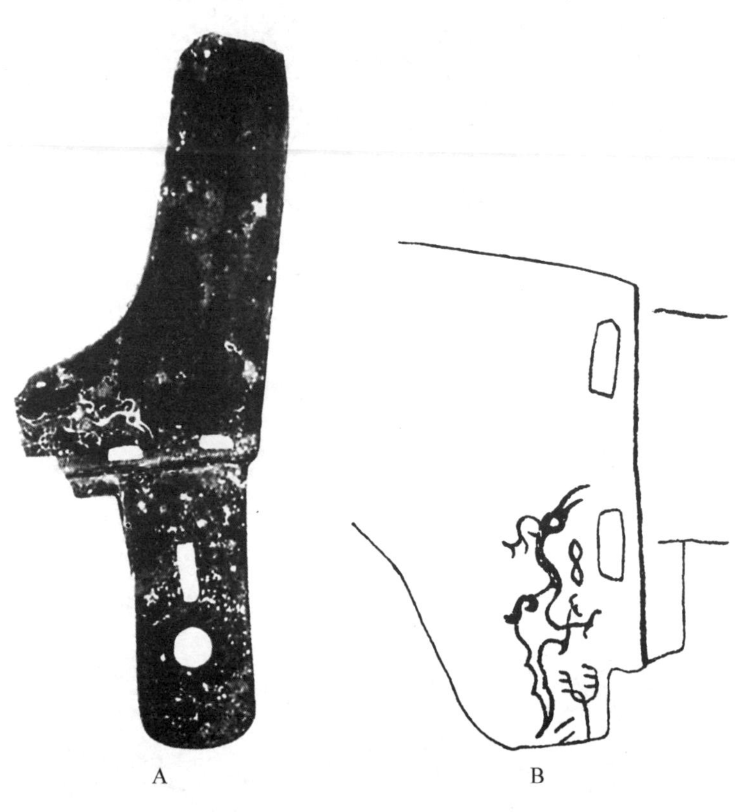

圖八丙　蟲書（玄鏐戈）

圖八丙　蟲書（玄鏐戈）

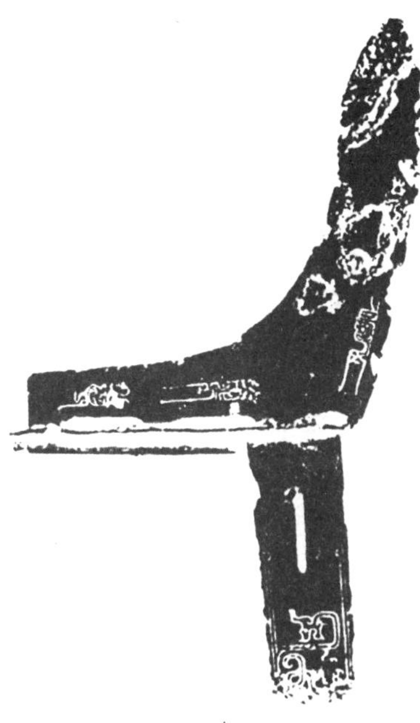

A

圖八丁　蟲書（自□用戈）

B

圖八丁　蟲書（自□用戈）

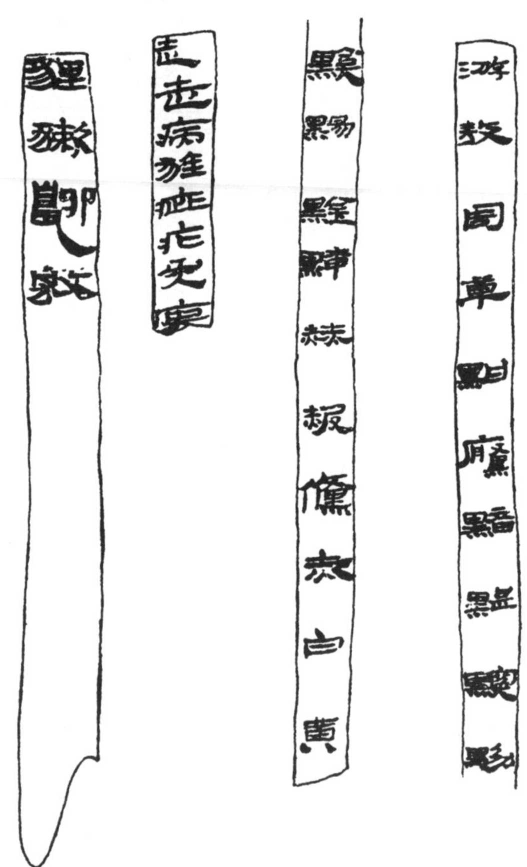

圖九　隸書（漢簡）

引自《流沙墜簡》一·一

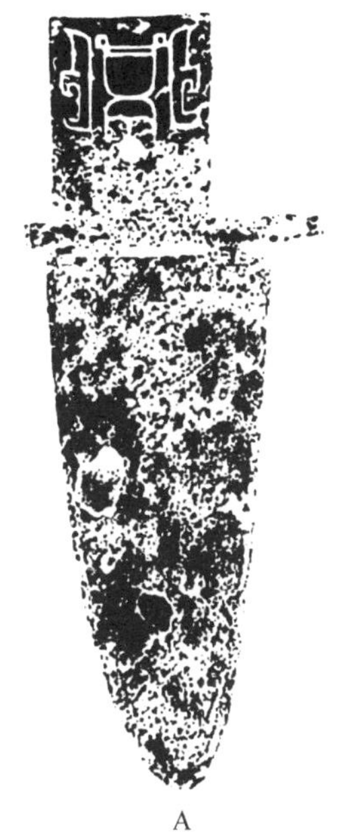

A

圖十　甗戈銘文（甗句兵）

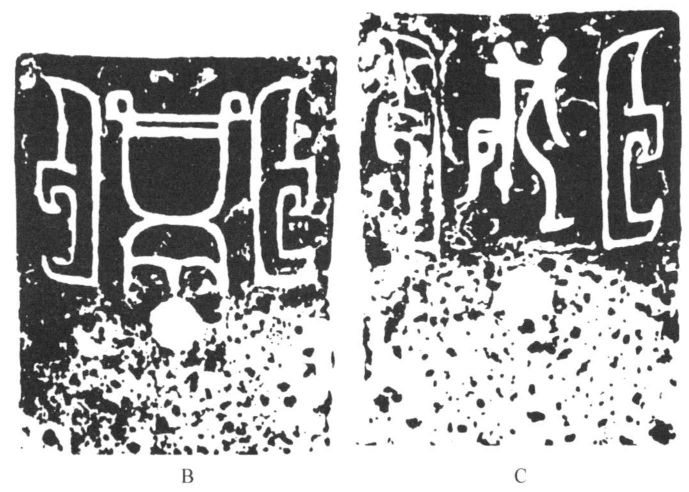

B　　C

圖十　甗戈銘文（甗句兵）

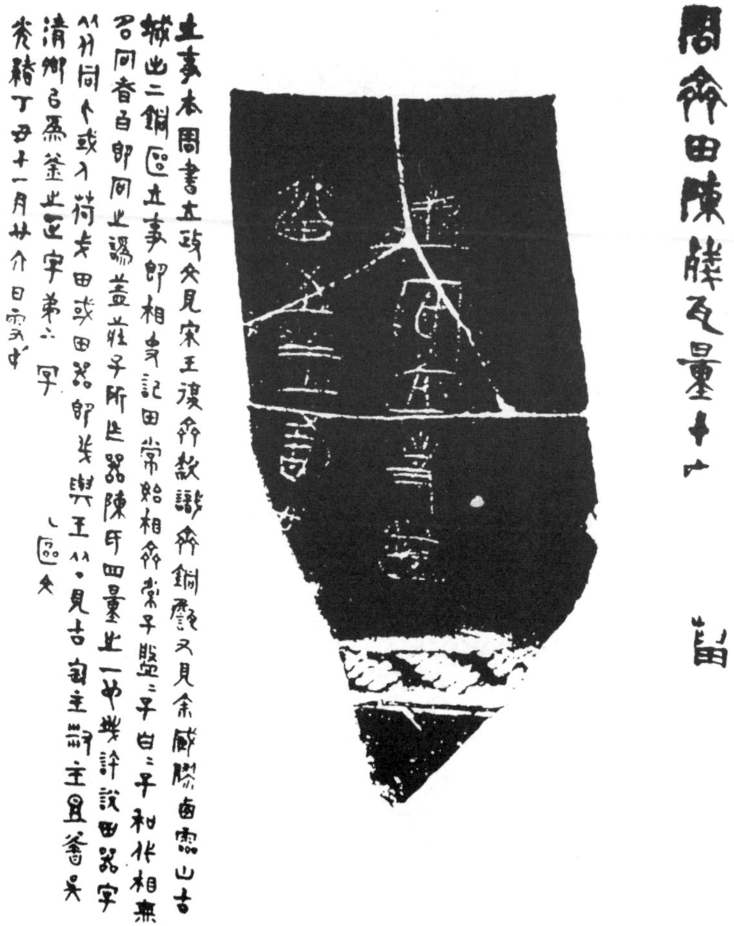

圖十一　陳向陶銘文

A

圖十二甲　戰國時兵器
（陳子戈）

B

圖十二甲　戰國時兵器
（陳子戈）

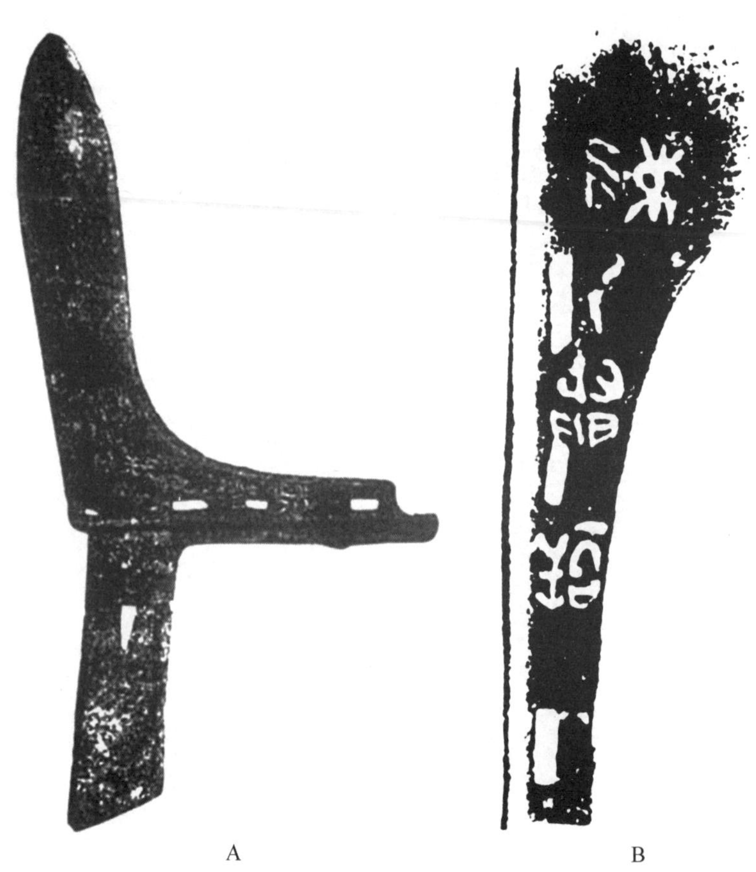

A

圖十二乙　戰國時兵器（陳子戟）

B

圖十二乙　戰國時兵器（陳子戟）

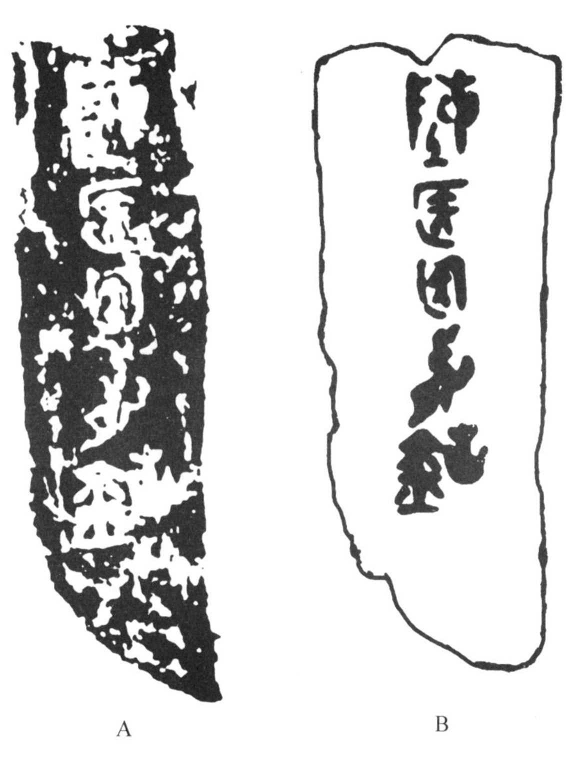

A　　B

圖十二丙　戰國時兵器（陳侯戟）

圖十三　奄義伯鼎銘文

A

圖十四甲　保信母壺（器形）

B

圖十四乙　保信母壺（銘文）

（全圖）

（局部）

圖十五　父戊□盤

圖十六甲　亞毀盤（全圖）

圖十六乙　亞毀盤（銘文）

(全圖)

(摹本)

圖十七　黽盤

圖十八甲　乍弄鳥壺（器形）

圖十八乙　乍弄鳥壺（銘文）

圖十九　武丁時龜甲卜辭（一）

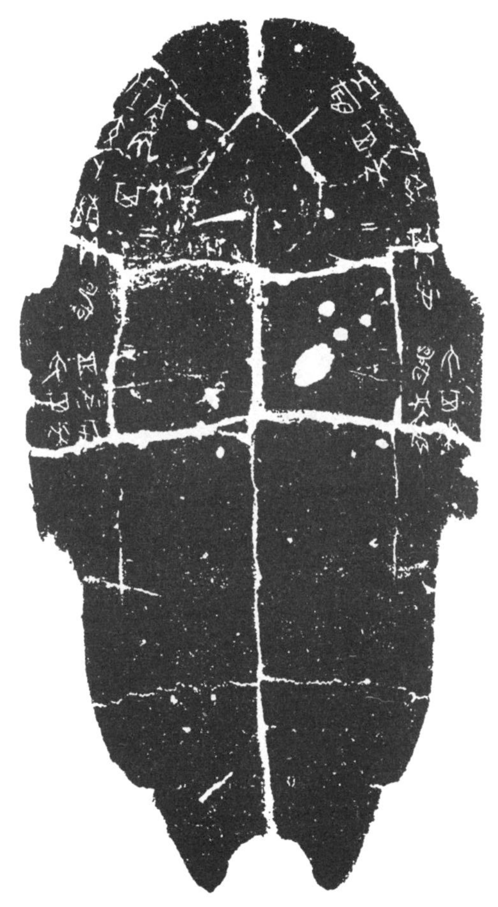

圖二十　武丁時龜甲卜辭（二）

圖二十一甲　克盨蓋圖

圖二十一乙　克盨蓋拓本

第三版跋

很慚愧，這本小册子，要印第三版了。這本書寫於一九三四——一九三五年，本來是在北京大學的講義，後來匆匆地把它公開發行了。在自敘裏曾希望在再版前，修訂書中的錯誤，但是將近三十年了，還不能踐這個宿諾。至於原敘裏所説唐氏古文字學七書的其它六書的完成，就更爲遥遠了。

我改行已經十多年，但還時常有人要我談談古文字學，有的學術機關要重印這本小册子作爲參考書，一九五七年曾重印過一次，才隔了六年，又要重印了。這本書裏顯然有一些錯誤的地方，在文字的發生與發展的方面，在創造新文字的方面，我現在的看法，已有很多不同，但由於付印匆促，來不及改了。好在這本書的主要部分，研究古文字的方法，我自己覺得還没有多大錯誤。用歷史發展的觀點來研究古文字，是這本書和其它作者不同之點。一九四八年夏天，我曾想補上一段，要用批判的精神來研究古文字，稿成未發，今天看來，又得重寫了。因此，這次付印，還是存其舊貌。希望兩三年内印第四版時，能儘可能改一下。

一九六三年三月一日　唐　蘭

出版附記

《古文字學導論》是唐蘭同志四十多年前在北京大學教學時用的講義，一九三四年手寫石印，除隨堂發給學生外，曾加印了一百部，由來薰閣書店公開發行。一九六三年中央黨校歷史教研室作爲教材影印，由作者加了一篇跋，並在書前加《武丁時期龜甲卜辭》及《克盨蓋銘文》圖版。現在齊魯書社據講義本重新影印出版，圖十至十八，皆爲補齊，一九六三年本所加之跋及圖版亦收入。另外，作者在一九三六年秋曾作改訂本，惜寫至五十二頁而中止，今亦一併收入書中。

中國古文字研究已有一兩千年的歷史，但很少理論性的著作，唐蘭同志這部書是空前的，在今天仍很有用。現將這部書輯成這樣一個完整的本子出版，希望對古文字學研究的發展和提高起一定的作用。

張政烺

一九七九年六月

整理説明

唐蘭先生所著《古文字學導論》是第一部系統闡述古文字學理論的著作，在這一領域享有重要地位和崇高聲譽。此書本是唐先生在北京大學任教時的講義，寫於1934—1935年，曾由來薰閣書店公開發行。1936年作者曾作改訂本，但只寫了五十二頁。1957年中國科學院歷史研究所請抄手抄寫油印。1963年中共中央高級黨校據講義本影印，作者加了一篇《跋》。1981年齊魯書社出版增訂本，將《改訂本》和《跋》一併收入。上海古籍出版社2016年出版的《唐蘭全集》所收此書影印本係在增訂本基礎上加工而成。

2019年秋季，我請山東大學尼山學堂2018級的26位同學分工將此書録入電腦，並初步校對了一遍，以供教學使用。後來了解到上海古籍出版社有意出版此書的排印本。經商議，由我組織人員開展後續的校對等工作。2020年上半年，我委託儒學高等研究院漢語言文字學專業碩士研究生朱禕祺、張金秋兩位同學分工對録入稿作了校對。同年10月，我和碩士研究生王媛媛一起仔細核校了兩遍，形成定稿，提交出版社。2023年11月，又請2022級尼山學堂的22位同學及山東大學文學院碩士研究生孫印金分工對校樣進行校對，最後由我本人核對一過。録入校對工作十分煩瑣辛苦，非親歷其役難以體會。在此，謹向參與此項工作的同學致謝！

此次整理排印，以齊魯書社 1981 年增訂本爲依據。録入時盡量遵從底本原貌，對帶有時代或作者個人特點的語詞用法如“發見”“那末”“狠好”“箸作”等均不予改動，異體字一般予以保留，簡體字以及行、草書形體等録爲規範的繁體字。原書中有少量譌誤或存有疑問的地方，適當出具脚注，以供讀者參考。

黄　傑

2023 年 12 月